대한민국 최초의 여성 대통령

창조경제, **박근혜 리더십**

유한준 지음

미래를 창조하라
Create the Future

머리말

불멸의 리더십을 배워 봅시다!

어머니에 이어 아버지까지 총탄에 여의고 '독재자의 딸'이라는 냉소를 받으면서 파란만장한 삶을 살아온 '철의 여인' 박근혜는 가슴이 찢어지는 아픔을 이겨내고 불굴의 집념과 노력으로 제18대 대한민국 대통령에 당선되어 나라를 다스리고 있습니다.

꿈이 한창 피어오르던 처녀 시절, 피 묻은 어머니의 한복, 그리고 아버지의 넥타이와 와이셔츠를 끌어안고 오열했던 박근혜는 무엇이 대한민국을 위하는 길인지 너무나 잘 알고 있습니다. 그래서 이제 새 시대를 열어가는 대한민국의 대통령으로서 국민들에게 희망과 꿈을 심어주는 자애로운 대통령으로서 열정을 쏟아 붓습니다.

대한민국 최초의 여성 대통령, 선친 박정희 전 대통령의 대代를 이은 대통령, 세계화 글로벌 시대에 국제적 감각과 리더십을 지닌 대통령으로서 대한민국을 이끌어 갑니다.

대통령의 딸로서 살아온 청와대 18년이 행복하였다면, 부모를 총탄에 잃고 청와대를 나온 뒤의 18년 세월은 실로 감내하기 어려웠던 아픔과 충격, 절망감에 겹겹이 쌓인 고난과 시련의 나날이었습니다.

평소에 "시련의 문을 열고 나갈 수 있는 열쇠는 바로 내 안에 있다. 결코 포기하지 말고 스스로 희망을 찾을 때, 희망의 문은 반드시 열릴 것이다! 나는 우리의 희망이 우리 안에 있는 것처럼, 대한민국의 희망도 결국은 대한민국 안에 있다고 믿는다. 제2차 세계대전 이후에 독립하거나 새로 탄생한 나라가 85개국이지만, 그 가운데 산업화와 민주화에 모두 성공한 나라는 딱 하나 바로 우리 대한민국뿐이다."라고 강렬하게 외쳤습니다.

오늘날의 대한민국을 만들기 위해 밤낮없이 일하는 수많은 산업역군, 근로자들도 수없이 만났습니다. 흉탄에 세상을 떠난 아버지의 통치 리더십, 어머니의 애국심과 유덕을 빛내는 자랑스러운 딸이 되기 위해서는 무엇을 어떻게 해야 하는지 가슴 깊이 느끼면서 국가관과 민족정신을 스스로 갈고 닦았습니다.

여중·여고 시절 5년간 반장을 맡아 리더십의 싹을 키워왔습니다. 중학교 입학과 동시에 기숙사 생활을 했으나 중 2때 학교 기숙사가 폐쇄되자 청와대로 들어가 대중교통 시설인 전차를 타고 통학했습니다. 고교 시절 가끔 기타를 치면서 "노래 부르는 것보다는 기타 치는 게 더 좋다!"고 말했던 소녀는 중·교 내내 학급 1등을 차지했고, "산업역군이 되어 나라 발전에 이바지하고 싶다"면서 전자공학을 선택했고, 이공계 수석 졸업의 영예도 따냈습니다.

그리고 유학을 떠났지만 앞길이 탄탄하게 마냥 열려 있지는 않았습니다. 어머니의 뒤를 이어 아버지마저 총탄에 여의고 새로운 운명에 부딪혔습니다. 그런 세월 속에서 엄청난 시련을 겪을 때, "차라리 외국에 가서 사는 게 어떤가?"라는 권유를 받았지만 "나의 조국은 대한민국!"이라며 뿌리쳤습니다.

코리아라는 브랜드를 세계 속에 심어서, 우리 젊은이들이 전 세계 어디를 가도 가장 인정받을 수 있도록 대한민국을 만드는 일이 대통령의 일이라고 강조하는 박근혜 대통령에게 국민들은 희망을 걸고 있습니다.

꿈 많은 우리 청소년들이 불굴의 신념과 강인한 집념으로 대한민국을 부강한 나라로, 국민들이 행복한 삶을 사는 나라로 만들기 위해 열정을 바치고 있는 여성 대통령의 휴먼 스토리 '박근혜 리더십'을 배워서 새 시대 주역으로 우뚝 서기를 기대합니다.

유한준

Park Geun Hye 10

박근혜 대통령의 10가지 리더십

1. 국가의 미래를 염려하고 준비하는 생산적인 리더십

2. 대한민국의 선진화와 국민 행복을 추구하는 철인정치

3. 위기를 당해도 좌절하지 않고 대처하는 불굴의 집념

4. 어려운 이웃들과 고통을 함께하며 극복해가는 동반자

5. 국민을 믿고 국민들을 섬기는 사랑과 신뢰의 리더십

6. 말을 신중히 하고 한 말은 꼭 지킨다는 신념의 지도자

7. 노인을 미소로 대하며 부모처럼 여기는 인정의 리더십

8. 비리와 불의에 엄격하고 과감하게 배척하는 강인한 자세

9. 옳다고 판단한 일은 끝까지 밀고 나가는 집념의 통치력

10. 국가와 민족을 위해 생명도 바치겠다는 위국 충정의 리더십

18

　　박근혜 대통령을 제18대 대통령이라고 호칭하는 것은 역대 대통령 선거 차수差數, 즉 선거의 차례에 따른 것이다. 18대 대통령이라면 대통령에 취임한 분이 18명이라는 말처럼 여겨지는데, 실제로는 11번째 사람이다.

　　대한민국 건국 이래 역대 대통령을 지낸 사람은 초대 이승만을 비롯 → 윤보선 → 박정희 → 최규하 → 전두환 → 노태우 → 김영삼 → 김대중 → 노무현 → 이명박으로 이어진 10명이며, 박근혜 대통령은 11번째 사람으로 지금 나라를 다스리고 있다.

　　우리나라 대통령 차수가 현재 18대로 이어진 까닭은 직선제 → 간선제 → 4·19 → 5·16혁명, 중임제 → 단임제 등의 정치 격변기 때마다 대통령의 대수代數를 새롭게 부여해온 탓이다.

　　미국은 차수에 두지 않고 몇 번째 사람인가에 따라 제 몇 대 대통령이라고 부른다. 예를 들면 미국은 초대 워싱턴 대통령 이후 현재 오바마 대통령까지 44명의 대통령이 탄생하였다. 그러나 대통령으로 당선되어 임기를 마친 뒤 재선에 성공한 제9대 해리슨, 제16대 링컨, 제44대 오바마 등의 대통령 대수는 추가하지 않고 처음 대통령에 오른 대수를 그대로 부른다.

01

최초의 여성 대통령

01 제18대 대통령 취임사

대통령 취임 선서

나는 헌법을 준수하고 국가를 보위하며 조국의 평화적 통일과 국민의 자유와 복리의 증진 및 민족문화의 창달에 노력하며 대통령으로서의 직책을 성실히 수행할 것을 국민 앞에 엄숙히 선서합니다.

2013년 2월 25일
대한민국 제18대 대통령 박근혜朴槿惠

〈박근혜 대통령 취임사〉 중에서 핵심 요약

국민행복 희망의 새 시대를 열겠다

존경하는 국민 여러분! 700만 해외동포 여러분!

저는 오늘 대한민국의 제18대 대통령에 취임하면서 희망의 새 시대를 열겠다는 각오로 이 자리에 섰습니다. 저에게 이런 막중한 시대적 소명을 맡겨주신 국민 여러분께 깊이 감사드립니다.

경제부흥, 국민행복, 문화융성 주력

저는 국민 여러분의 뜻에 부응하여 경제부흥과 국민행복, 문화융성을 이뤄낼 것입니다. 부강하고, 국민 모두가 함께 행복한 대한민국을 만드는데 저의 모든 것을 바치겠습니다. 오늘의 대한민국은 국민의 노력과 피와 땀으로 이룩된 것입니다. 하면 된다는 국민의 강한 의지와 저력이 산업화와 민주화를 동시에 이룬 위대한 성취의 역사를 만들었습니다.

어려운 시절 우리는 콩 한 쪽도 나눠 먹고 살았습니다. 그 정신을 다시 한 번 되살려서 책임과 배려가 넘치는 사회를 만들어 갑시다. 국민의 생명과 대한민국의 안전을 위협하는 그 어떤 행위도 용납하지 않을 것입니다. 최근 북한의 핵실험은 민족의 생존과 미래에 대한 도전이며, 그 최대 피해자는 바로 북한이 될 것이라는 점을 분명히 인식해야 할 것입니다. 서로 대화하고 약속을 지킬 때 신뢰는 쌓일 수 있습니다. 북한이 국제사회의 규범을 준수하고 올바른 선택을 해서 한반도 신뢰 프로세스가 진전될 수 있기를 바랍니다.

학생 스스로 꿈 이루는 나라로

국민 개개인의 행복의 크기가 국력의 크기가 되고, 그 국력을 모든 국민이 함께 향유하는 희망의 새 시대를 열겠습니다. 배움을 즐길 수 있고, 일을 사랑할 수 있는 국민이 많아질 때, 진정한 국민행복 시대를 열 수 있습니다. 어느 나라나 가장 중요한 자산은 사람입니다. 앞으로 학생 개개인의 소질과 능력을 찾아내서 자신만의 소중한 꿈을 이루어가고, 그것으로 평가받는 교육 시스템을 만들어서 사회에 나와서도 훌륭한 인재가 되도록 할 것입니다.

학벌로 모든 것이 결정되는 사회에서는 개인의 꿈과 끼가 클 수 없고, 희망도 자랄 수 없습니다.

21세기 새로운 미래로 나아가자

국민 개개인의 상상력이 콘텐츠가 되는 시대입니다. 지금 한류 문화가 세계인들의 사랑을 받으면서 기쁨과 행복을 주고 있고, 국민들에게 큰 자긍심이 되고 있습니다. 국민행복은 국민이 편안하고 안전할 때 꽃을 피울 수 있습니다. 저는 국민의 생명과 대한민국의 안전을 위협하는 그 어떤 행위도 용납하지 않을 것입니다.

국민 여러분께서도 저와 정부를 믿고, 새로운 미래로 나가는 길에 동참하여 또 한 번 새로운 한강의 기적을 일으키는 기적의 주인공이 될 수 있도록 함께 힘을 합쳐 국민행복, 희망의 새 시대를 만들어 갑시다.

- 취임사 요약 -

2013년 2월 25일

대통령 박근혜

박근혜 대통령은 대한민국 제18대 대통령이자 첫 여성 대통령이다. 새누리당 대통령 후보로 선출되어 2012년 12월 19일에 실시된 대통령 선거에서 민주통합당의 문재인 후보를 약 108만 표 차로 누르고 당선되었다. 임기는 2018년 2월 24일까지 5년.

대한민국 정부수립 이후 최초의 독신 대통령이자 1987년 대한민국 헌법 개정 이후 최초로 투표자의 과반수 득표를 얻은 대통령, 최초의 이공계 출신 대통령, 박정희 전 대통령에 이어 아버지와 딸로 이어진 첫 번째 부녀父女 대통령이라는 여러 가지 진기록을 세웠다.

02 세상에 우연은 없다

박근혜 대통령은 1963년 아버지 박정희가 대통령에 취임한 뒤 청와대에서 소녀 시절을 보내며 자랐다.

서울 장충초등학교와 성심여중–여고를 거쳐 1970년 서강대학교에 입학하여 전자공학을 전공하였다.

1974년 어머니 육영수 여사가 8·15 광복절 경축 기념식장에서 문세광의 총탄에 맞아 세상을 떠난 이후, 1979년 아버지 박정희 대통령마저 총탄에 맞아 세상을 떠난 10·26 사태 이전까지 퍼스트레이디의 직무를 성실하게 수행하면서 정치 감각을 온몸으로 익혔다.

퍼스트레이디 시절, 대통령인 아버지를 그림자처럼 따라 다니며 보좌하였다. 대통령이 기업체를 방문하거나 전방 또는 국토 시찰에 나설 때도 수행했다. 거의 매일 아버지와 둘이서 아침 식사를 했다.

10·26 사태 이후 두 동생의 손을 잡고 청와대에서 나와 옛날 집으로 돌아온 처녀 박근혜는 '독재자의 딸'이라는 비아냥거림을 받으며 실로 감당하기 어려운 새로운 세상을 맞았다. 육영재단 이사장과 정수장학회 이사장 등을 맡았지만, 힘들고 어렵기만 마찬가지였다.

풀숲에 누워 쓰디쓴 쓸개의 맛을 본다는 심정으로 힘들고 괴로운 나날을 보냈다. 뜻한 바를 이루려고 괴롭고도 힘든 현실들을 참고 이겨내는 와신상담을 오랫동안 계속하다가 1998년 정치계로 들어섰다.

행운의 기회로 다가온 순간은 1998년 4월 2일이다. 그때 실시된 보궐선거에서 제15대 국회의원에 당선되면서 정치인 박근혜의 새로운 운명의 문이 열렸다. 그로부터 제19대까지 다섯 차례에 걸쳐 국회의원으로 당선, 5선 의원으로 여의도 국회의사당에서 나랏일의 한 축을 맡아 눈부신 의정활동을 거듭하였다.

"준비된 대통령은 그냥 생긴 것이 아니다. 치밀하고도 탁월한 리더십과 철저한 글로벌 감각으로 터득하고 쌓아오면서 이룩한 것"이라는 평가를 받았다.

"나의 목표는 단 하나, 위기의 조국 대한민국을 구하는 것뿐이다."

너무나 강하고 당당하다. 어려서부터 고난을 이겨내는 길, 국내 통치의 덕목은 물론, 살얼음판을 걷는다는 외교 무대에서 살아남는 방법도 보고 배웠다.

22세 꿈 많던 여대생이 어머니 사망 후 자신의 꿈을 접고, 퍼스 레이디가 되어 어머니의 빈자리를 채웠다. 그로부터 인생의 길이 완전히 바뀌었다. 미국의 카터 대통령을 비롯하여 중국, 유럽, 아시아, 아프리카에 이르기까지 글로벌 세계를 움직이는 여러 나라 지도자를 만났다.

그 색다른 만남을 통해 한 사람의 지도자에 따라 그 나라의 안전과 번영, 그리고 국민의 생활과 행복을 얼마나 뒤바꿀 수 있는지를 뼈저리게 터득했다.

그렇게 터득한 리더십은 대통령이 되기 전에 이미 보여준 '준비된 대통령'으로서 여러 곳에서 드러났다.

중국의 후진타오와의 만남에서는 북핵 문제 해결과 한반도 평화에 관한 해법을 제시했고, 일본의 고이즈미와의 만남에서는 "천 년이 가도 일본은 가해자, 한국은 피해자"라며 대한민국의 자존심을 당당히 지켜냈다.

제2차 세계대전이 끝나면서 민주주의와 공산주의의 갈등 속에 동서로 쪼개졌다가 통일된 독일의 메르켈 총리와의 만남에서는, 한반도 통일문제와 경제협력의 길을 찾아보려고 노력했다.

미국 럼펠트 국방장관와의 만남에서는 북한의 핵 문제에 대해 포괄적인 해법 찾기를 제안하면서 '밥상론'을 예로 들어 당시 워싱턴 정가의 이목을 집중시키면서 국제적 평화 감각을 보여주었다.

이처럼 글로벌 정치 감각을 지닌 '준비된 대통령 박근혜'에 대해 미국 국무장관 라이스는 테러 사건 때의 의연함을 기억하며 "용기 있는 지도자"라고 말했다.

사실 자신도 "가장 좋아하는 영어 단어를 용기勇氣 곧 Courage" 라고 꼽았다.

시베리아 횡단 철도에 대한 합의를 통해 준비된 외교 통찰력을 보여준 일, 국가의 위상을 높이는 일이라면 그곳이 어디이고, 그 대상이 어느 나라 누구이건 가릴 것 없이 과감하게 나서서 탁월한 리더십을 보여주었다.

이런 일들은 하나같이 세계로 향한 통찰력이고, 세계를 상대로 전개되는 글로벌 무한경쟁 시대로 질주하는 대한민국의 미래를 위해 철저하게 준비된 외교력을 바탕으로 한 것이다.

준비된 대통령 박근혜는 한나라당 국회의원과 부총재, 대표최고위원 등을 역임하면서 경륜을 쌓았다. 그리고 2007년 한나라당의 대통령 후보 경선에 출마하였다. 그러나 이명박 후보에게 석패하였다.

새누리당 비상대책위원장을 지내면서 2012년 4월 11일에 실시된 제19대 국회의원 총선거를 승리로 이끌었고, 12월 19일 대통령에 당선되어, 2013년 2월 25일 제18대 대통령으로 취임하여 영광의 시대를 열어가고 있다.

"나의 목표는 단 하나, 위기의 조국 대한민국을 구하는 것뿐이다."

강하고 당당한 여성 대통령, 고난에 대처하는 지혜와 용기, 강인한 의지를 어려서부터 배우며 터득했다.

스물두 살의 퍼스레이디는 아버지 대통령을 보필하면서 우리가 국제적 외교 무대에서 살아남는 법도 익혔다.

미국의 카터 대통령을 비롯하여, 중국, 유럽, 아시아, 아프리카에 이르기까지 세계를 움직이는 여러 나라 지도자를 만나면서 글로벌 리더십을 갈고 닦았다.

한 사람의 지도자가 그 나라의 안전과 번영, 그리고 국민의 생활안정과 행복을 얼마나 뒤바꿀 수 있는지를 뼈저리게 터득하면서 준비된 대통령으로서의 통치 철학을 세우고 다져왔다.

03 어린 시절의 나비 꿈

어린 시절 소녀의 나비 꿈은 무엇이었을까?

1952년 2월 2일 경상북도 대구시 삼덕동_{현재는 대구광역시 중구 삼덕동}에서 6·25 전쟁이 한창 치열했던 전시戰時 대구 주재 육군본부 작전교육국 작전차장 박정희와 중등학교 교사 출신인 어머니 육영수의 첫딸로 태어났다. 호적상의 원적지는 할아버지 박성빈이 아버지를 낳은 경상북도 구미시 상모동이다.

여기서 잠깐 아버지 박정희와 어머니 육영수의 옛날을 더듬어 보자.

육군 소령이던 아버지는, 1948년 10월 19일 발생한 여수·순천 반란사건에 따른 여파로 다른 주동자들과 함께 체포되어 육군 특무대_{현재의 국군기무사령부}에서 강도 높은 조사를 받았다. 그리고 육군고등군법회의에서 유죄를 선고받고 파면되었다.

1950년 6·25 전쟁이 일어난 뒤 선배와 동료들의 도움을 얻어 육군 정보국 문관으로 근무하다가 육군 소령으로 복귀하였다. 힘들게 복귀한 뒤 대구사범학교 후배로 부하 장교가 된 송재천의 소개로 육영수를 만나 재혼하였다. 송재천은 육영수의 이모 아들로 이종 오빠이다.

 아버지는 현재의 경상북도 구미시 상모동에서 소작농 박성빈과 부인 백남의의 5남 2녀의 7남매 가운데 막내로 태어났다. 구미공립보통학교현재의 구미초등학교, 대구사범학교현재의 경북대학교 사범대학를 나와 문경초등학교 교사로 근무했다. 만주군관학교 예과와 일본육군사관학교 본과를 졸업하고 만주국 육군 중위로 배속되었다가 해방을 맞았다.

 조국 품으로 돌아와 국방경비사관학교현재의 육군사관학교 제2기를 거쳐 육군 대위로 임관된 뒤 소령으로 진급한 현역 군인이었다.

 어머니 육영수는 충청북도 옥천군의 대지주인 육종관과 부인 이경령의 차녀로 태어나 배화고등여학교현재의 배화여고를 졸업하고 옥천공립여자전수학교현재의 옥천여자중학교에서 가정과 교사로 1년 반 동안 학생들을 가르쳤다.

 육종관은 딸이 박정희와 결혼하는 것을 반대하였으나, 이미 결혼 결심을 굳힌 육영수가 어머니 이경령, 동생 육예수와 함께 경상북도 대구시로 가서 결혼식을 올렸다. 그때 대구는 광역시로 승격되기 전이라 경상북도에 편입된 큰 도시였다.

박정희는 육영수와 결혼한 뒤 안정기를 맞았고, 그 가운데서 박근혜가 태어났다.

서울 장충초등학교에 입학하여 1964년 2월 졸업했다. 초등학교 때 함께 공부한 동기 동창 가운데는 정몽준 새누리당 국회의원과 김승연 한화그룹 회장 등이 있다.

아버지가 이끈 5·16 군사혁명이 일어나기 바로 전날 밤이었다. 1961년 5월 15일 밤 10시쯤, 육군 소장 박정희 장군은 혁명을 일으키기 위해 집을 나서려던 참이었다.

그때까지 어머니는 아버지가 무슨 큰일을 추진하고 있다는 느낌을 받았지만, 엄청난 일을 준비하고 있다는 큰 뜻을 전혀 모르고 있었다.

어머니가 아버지에게 말했다.

"근혜 숙제 좀 봐주세요."

아버지는 그 말을 듣는 순간 가족 사이에 마지막이 될지도 모른다는 생각이 불현듯 머리에 떠올랐다. 박 소장은 잠시 멈칫하다가 딸의 방으로 들어갔다. 초등학생인 근혜는 숙제를 하고 있었다. 딸

곁에서 잠든 장모 이경령, 작은 딸 근령이와 외아들 지만을 훑어본 뒤에 아무 말도 없이 방을 나와 집을 나섰다.

이때 혁명 거사를 준비하던 동지 장태화가 물었다.

"무슨 숙제입니까?"

박 장군은 간단하게 대답하였다.

"어, 뭐 그림 그리는 거야!"

하지만 어린 딸 근혜는 아버지의 기척은 알았지만, 아버지가 어떤 일을 하고자 늦은 밤에 집을 나서는지 전혀 눈치조차 채지 못하였다. 그저 군부대에 무슨 일이 생겼다고 생각하였다. 더구나 그 엄청난 혁명을 일으킬 것이라거나, 혁명이 과연 무엇인지조차 알지 못한 어린 소녀였던 것이다.

초등학교 동기 동창인 정몽준 의원과는 같은 당 소속 국회의원으로 한때 대통령 경선 후보 자리를 놓고 경쟁을 벌이기도 했다. 장충초등학교를 졸업한 뒤 가톨릭 계통의 미션스쿨인 성심여자중학교를 거쳐 성심여자고등학교를 다녔다.

1963년 아버지가 제5대 대통령에 선출됐지만, 초등학생인 근혜는 부모를 따라 바로 청와대로 들어가지 않고 서울 신당동 집에서 외할머니의 보살핌을 받으며 학교를 다녔다. 자식들이 특권 의식을 갖게 될 것을 염려한 어머니의 자상한 배려 때문이다.

서울 성심여중으로 진학했다. 그때도 학교 기숙사로 들어가 학교를 다녔다. 중학교 2학년 때 학교 기숙사가 문을 닫자 청와대로 들어가, 청와대 서쪽 효자동 전차 종점에서 전차를 타고 용산 학교까지 통학했다.

지금은 없어졌지만 그때 서울 시내에는 전차가 다녔다. 요즘 지하철의 한 칸 길이보다 조금 짧은 정도의 전차가 도로 한복판에 설치된 궤도 위를 달리는 대중교통 기관이었다.

중학생 시절, 주말이면 학교에서 있었던 에피소드를 가족들에게 이야기하곤 했는데, 어느 토요일 저녁 식탁에서 등굣길에 전차에서 전차 차장하고 나눈 이야기를 하였다.

"성심여중 학생이네. 대통령 따님도 그 학교 학생이고, 전차 타고 다닌다고 하던데?"

"예, 그런가 봐요."

"그 여학생 공부 잘하나?"

"그런대로 하나 봐요."

"키는 얼마나 되지?"

"저만해요."

저녁 식탁에서 그 이야기를 들은 가족들은 한바탕 크게 웃었다.

어머니는 딸의 등을 토닥여주면서 말했다.

"오! 천연덕스럽게 그런 말을 하다니, 우리 근혜가 아주 대견스럽다!"

어머니는 딸이 바르게 자라고 있다는 안도감에 흡족해 하면서 말했다. 아버지는 무뚝뚝한 표정으로 한마디 거들었다.

"암! 누구 딸인데!"

그 말에 온 가족이 또 한바탕 웃음꽃을 피웠다.

그렇게 전차로 통학하면서 가톨릭 계통의 성심여중을 마쳤다. 그리고 같은 울타리의 성심여고로 진학했다.

생활기록부를 보면 성심여중과 성심여고 재학 시절 6년 내내 반

에서 1등을 차지했다. 중학교 1학년 2학기부터 고등학교 2학년까지 줄곧 반장을 맡았다. 이때 이미 리더십의 기초를 착실하게 다진 셈이다.

중학교 2학년 때 산정호수로 소풍 갔을 때도 통솔력을 보여 주었고, 반 친구들과 어울려 즐겁게 뛰어 놀았다. 고교 시절에는 기타를 치고 노래도 부르면서 발랄하게 자랐다.

"노래 부르는 것보다는 기타 치는 게 더 좋았다!"는 소녀, 고등학교를 졸업한 뒤, "산업역군이 되어 나라에 이바지하고 싶다"는 생각으로, 역시 가톨릭 계통의 서강대학교 전자공학과에 진학했다.

대학 3학년 때 아버지 박정희 대통령이 10월 유신維新을 발표하자, 이에 반대하는 대학가에서 반反정부 시위가 시작되었다. 서강대학교도 시위를 벌였다.

그러나 근혜는 공부에만 매달렸다.

"공부는 학생인 내가 할 수 있는 최선의 길이다."

그렇게 공부에 전념한 탓에 대학교 졸업 때 이공계 수석졸업의 영예를 안았다. 그리고 대학 교수의 꿈을 안고 프랑스 파리로 유학을 떠났다.

Point

아버지가 혁명을 일으키기 전날 밤 어린 근혜는 숙제를 하고 있었다. 그때 상황을 이렇게 회고하였다.

"그날 아버지께서 들어오셔서 저를 한 번 보고 나가신 것은 기억나는데, 무슨 숙제를 하고 있었는지는 기억이 나지 않아요. 어머니께서는 집안을 정리하시고 계셨습니다."

어린 소녀는 그날 집안이 평소와 다르게 긴장된 것 같다는 느낌이 들었으나 무슨 일이 있는지 알 수 없었다.

"나중에 생각하니 어머니께선 만약의 사태에 대비하여 주변을 정리하신 것으로 생각됩니다."

04 절약과 검소한 생활

6·25 전쟁 중에 태어난 근혜는, 1963년에 아버지가 제5대 대통령으로 취임하여 '대통령의 딸'로 신분이 바뀌었고, '국모'로 존경받은 어머니 육영수의 사랑을 받으면서 자랐다.

어머니의 자녀 교육은 무척 엄격하였다.

해마다 봄철이면 먹을 식량이 부족하여 '보릿고개'라는 말이 유행하였던 가난했던 시절, 대통령의 아내인 어머니는 어린 딸의 도시락에 보리쌀을 섞은 밥을 담아 주었다.

그렇게 자란 소녀는 대통령이 되기 직전까지도 낡아서 골동품처럼 변해버린 에어컨을 사용할 정도로 철저한 절약과 검소한 생활을 지켜 왔다.

많은 여성이 아름다움을 추구하고, 젊은 여성들이 선호하는 호화스러움과 사치, 유행에는 무관심한 삶을 이어왔다.

대통령 당선인 시절, 그 바쁜 틈에서 들고 다니는 핸드백이 외국 명품이니 어쩌니 하면서 뉴스를 탄 일이 있었다. 그 핸드백을 둘러싸고 네티즌들이 입방아를 찧었다. 그러나 실제는 중소기업에서 만든 국산 제품임이 밝혀졌다.

대통령의 근검절약, 소박한 생활 태도는 어린 소녀 때부터 몸에 밴 습관이다.

"우리나라 산업 발전에 공헌하고 싶다."

근혜는 서강대학교 재학 시절에도 여중-여고 때와 마찬가지로 '대통령의 딸'이라는 신분과 관계없이 자기에게 주어지는 일들을 해내면서 슬기롭게 열심히 공부하였다. 이렇게 공부한 끝에 이공학부 4년간의 대학 생활을 우수한 성적으로 마치고, 나라와 민족을 위해 일하겠다는 더 큰 꿈을 안고 프랑스 파리로 유학의 길을 떠났던 것이다.

그러나 미래를 향한 탄탄한 꿈은 어머니가 괴한의 총탄에 쓰러져 세상을 떠나면서 그 진로가 바뀌고 말았다. 역시 "운명은 바뀌는 것이고 하늘에 달렸다."라는 말이 근혜에게도 다가온 것이다.

어머니가 비명으로 세상을 뜨는 바람에 파리 유학을 도중에 접고 귀국한 근혜는 22세 한창 피어날 나이에 청와대 여주인공으로 퍼스트레이디 역을 맡아 5년이라는 세월 동안 아버지 대통령을 받들며 정치 감각을 연마하고 다졌다.

검소하고 소박한 생활은 신념이자 삶의 철학으로 뿌리를 내렸다.

사람들은 나라를 위하는 일을 흔히 구국救國이라고 한다. 그 말은 반드시 전쟁터에 나가 목숨 걸고 싸우는 것만 뜻하는 말은 아니다.

국가나 사회적으로 어려운 문제가 생겼을 때 큰일을 위해 작은 것을 버리거나 희생하고 이를 해결하기 위해 힘을 모아 노력하는 것도 훌륭한 구국 정신이다.

"솔직히 말해서 우리는 물가와의 전쟁을 수없이 계속하면서 살아왔다. 하지만 물가안정을 위해 효과적인 노력을 해본 일이 과연 있는가? 나는 없다고 생각한다. 통화가 팽창하여 돈 가치가 떨어지면 국민 모두가 힘을 모아 극복하고, 물건 값이 급격히 오르면 물건을 덜 사면서 사회 안정을 위해 다 함께 노력해야 하는데, 세상 사람들은 그 반대로 움직였다."

이렇게 외친 박근혜 대통령은 "1970년대에 실시한 산업정책 덕분으로 오늘날 우리나라는 부강한 나라가 되었다. 이제 우리는 국민이 행복을 누리며 함께 잘살게 해야 한다."라는 말을 늘 강조하면서 그 목표를 이룩하기 위해 달려가고 있다.

아무리 어렵고 힘들다 해도 결코 흔들리지 말자고 당부하며 나라를 통치하고 있다.

Point

대통령의 딸이지만, 어린 시절은 평범했다. 화려하지도 윤택하지도 않았다. 보리쌀이 듬성듬성 섞인 혼식 도시락을 들고 초등학교를 다녔다.

어린 시절엔 군인인 아버지의 복무지가 자주 바뀌는 바람에 옮겨 다니며 살았는데, 아버지가 광주 지역에서 복무하게 되어 지금은 광주광역시가 된 전라남도 광주시로 옮겨가 유년기의 한때를 보냈다. 그 뒤에 서울특별시로 올라왔다.

보고 듣는 것마다 열심히 메모하는 습관도 아버지로부터 물려받은 '수첩공주', 인재를 골라 쓰고 충성을 유도하는 용인술도, 매사에 원칙과 질서를 중요하게 여기는 것도 모두 아버지 습관을 그대로 닮은 것이다.

05 총탄에 부모를 여의고

박근혜는 1974년 2월 서강대학교 공과대학 전자공학과에서 공학사 학위를 받았다. 같은 해 유학의 꿈을 안고 프랑스 파리로 날아가서 그르노블대학교에 입학하였다.

파리에서의 유학생활은 그런대로 평범하게 시작되었다. 대한민국 대통령의 딸이라는 티를 내지 않으려고 무척 조심하였다. 학교생활에 충실하면서 프랑스 사람들과 외국에서 온 유학생들에게 한국에 대한 좋은 이미지를 심어주는 일에 힘쓰면서, 좋은 친구를 사귀려고 노력하였다. 그런 노력이 한참 익어가고 있을 때 엄청난 비보가 날아들었다.

프랑스에서 유학생활 중이던 그때, 1974년 8월 15일 광복절 경축 기념행사에서 어머니가 총격을 받고 쓰러졌다는 뉴스 특보가 세계로 전파된 것이다.

"한국의 퍼스트레이드 육영수, 재일동포 문세광의 저격으로 사망"

파리에서 청천벽력과도 같은 비보를 들은 근혜는 하늘이 무너지는 것 같은 충격을 받았다. 슬퍼할 겨를도 없었다. 유학생활을 접고 급히 귀국길에 올랐다. 온 국민의 슬픔 속에 어머니의 장례를 국장으로 치렀다.

어머니가 세상을 떠난 뒤 근혜는 대한민국의 영부인 역할을 맡아야 했다. 대통령이었던 아버지를 도와 퍼스트레이디 역할에 충실했다. 그 역할은 1979년 10월 26일 밤, 아버지가 총탄에 서거할 때까지 이어졌다. 대통령의 의전상 영부인 권한 대행으로서 아버지 대통령의 국내 공식 행사와 외국 순방 등을 훌륭하게 수행하였다. 그때 심정을 뒷날 자서전에 이렇게 기록해 놓았다.

"소탈한 생활, 한 인간으로서의 나의 꿈, 이 모든 것을 집어던졌다."

퍼스트레이디 역할은 어머니를 대신하여 아버지 대통령을 도와드리는 일이다. 아버지가 기업체 방문, 전방 부대 순시, 국토 시찰 등에 나설 때마다 수행했다. 거의 매일 아버지와 둘이서 아침 식사를 했다. 세상을 떠난 어머니의 빈자리가 그렇게 클 줄은 미처 몰랐다.

그런 아버지 대통령마저 또 충격에 세상을 떠났다.

1979년 10월 27일 새벽 1시, 전화벨 소리에 놀라 잠을 깼다.

김계원 당시 청와대 비서실장의 황급한 목소리가 들려왔다. 대통령의 서거 사실을 알려주는 비서실장의 떨리는 목소리가 귓전으로 흘러들어 왔다.

"각하께서 돌아가셨습니다."

"전방은 괜찮습니까?"

엄청난 비보를 듣는 순간에 전방 걱정이 저절로 터져 나왔다. 당시 남북이 첨예하게 대치하여 긴장감이 떠도는 상황에서 대통령의 서거로 권력 공백이 생기면, 북한이 그 틈을 이용하여 남침을 할 수도 있다는 위험한 생각이 순간적으로 번쩍 들었던 것이다.

날이 밝고 대통령의 서거 사실과 근혜의 말이 뉴스를 타고 전해지면서 수많은 사람들이 청천벽력과도 같은 급박하고도 절망적인 상황에서 침착함과 냉정함을 잃지 않았던 근혜에게 다시 감동하였다.

5년 전에 어머니가 누워있던 바로 그 자리에 또다시 아버지의 시신을 모셨다. 가슴을 도려낼 듯이 복받치는 슬픔과 오열을 삼키면서 상주로서 조문객을 맞았다.

뒷날 그때를 이렇게 회고했다.

"어머니에 이어 아버지까지 총탄에 가시다니, 가슴이 찢어지는 아픔을 느꼈다!"

실로 감내하기 어려웠던 아픔과 충격, 절망감을 무슨 말로 다 표현할 수 있을까.

그렇게 부모님을 모두 떠나보내고 가슴으로 통곡하면서도 침착함과 의연함을 보여주었던 그의 강인한 모습에 주위 사람들이 모두 숙연했던 것이다.

장례식을 치른 뒤 아버지의 피 묻은 넥타이와 와이셔츠를 가슴에 안으면서 또다시 오열했다. 그때의 심정을 자서전에 이렇게 밝혔다.

"5년 전 어머니의 피 묻은 한복을 대하던 기억이 겹쳤다."

가족은 한 핏줄의 사람들이고 그 사람들이 모여 사는 집이 가정이다. 한 가족의 행복은 그 가족 식구들이 단란하게 사는 데 있다. 부모와 사랑이 없는 가정은 결코 행복한 집안이 아니다.

어느 가정이나 다 부모와 자녀들이 함께 살아간다. 그 부모들이 타고난 운명, 곧 하늘이 내린 천명을 건강하게 다 살고 세상을 떠나야 축복된 집안이다.

그러나 운명을 다하기 전에 어떤 사건으로 인해 비명으로 세상을 떠나면, 그 자녀들이 겪는 고통은 이루 말할 수 없게 된다.

박근혜 대통령은 부모님을 모두 총탄에 여의었고 또 자신도 테러를 당했으니, 그 아픔을 어찌 말로 다할 수 있겠는가.

큰 꿈을 키워라

01 보랏빛 꿈은 선생님

박근혜 대통령은 소녀 시절에, 제8대 국회의원 총선에서 친인척 다섯 명이 국회의원에 당선되어 금배지를 다는 것을 보았다. 교육 자였던 외삼촌 육인수, 형부 한병기, 사촌 형부 김종필과 사촌 형부 의 친형 김종익, 이종 형부 장덕진 의원이 바로 그 주인공들이다.

한집안에서 한 사람이 국회에 들어가기도 어려운 때에 다섯 명이 동시에 금배지를 달았으니 대단한 집안이다. 모두가 하나같이 능력 있는 사람들이었다. 이 일과 관련하여 유명한 일화가 전한다. 언론 인으로 박정희 정부에서 노동부 장관을 지낸 인사의 실화이다.

"언론인으로 대통령의 부름을 받았다. 저녁 회식 자리에서 대통 령이 기탄없이 말하자고 하기에, '국회에 각하의 집안이 다섯이나 있습니다.' 라고 했더니 갑자기 언성이 높아지시더군. 다섯 사람 가 운데 첫 번째 부인이 낳은 딸의 신랑 한병기를 빗댄 것임을 금세 알아챈 것이야. 대통령은 나직한 목소리로 푸념처럼 읊었어. '속초^{한병} 기 _{지역구} 사람들은 그 아이만 한 인물이 없다 하던데······.' 그런데 9 대 국회의원 선거 때는 사위와 처조카사위가 빠지고 10대 때는 사돈인 김종익도 빠졌다. 돌이켜 보면 박정희 대통령은 참 대단한 분이셨다."

아마도 그때 꿈 많은 어린 소녀의 머릿속에는 정치를 하려면 금 배지부터 달아야 한다는 잠재적 의식이 스며들었는지 모른다.

소녀 시절 간절한 보랏빛 꿈은 선생님이었다. 대학교수가 되어 훌륭한 제자들을 길러내고 싶었다. 그런 꿈을 접고 정치 무대로 들어선 뒤, 선거의 여왕으로 정치계에 이름을 올렸다. 하지만 2007년 대통령을 향한 꿈을 폈다가 경선 결과에 밀려 일단 꿈의 날개를 접었다.

사람은 누구에게나 처음 품었던 꿈을 이루기가 어렵고, 또 한두 번의 실패는 경험할 수 있다. 그렇다고 좌절하지 않고 일어서려는 의지가 중요하다.

2012년 새누리당 전당대회에서 제18대 대통령 선거에 나설 후보로 선출됨으로써 대통령을 향한 꿈의 날개를 다시 폈다. 대통령 후보 경선에서 지지율 84%라는 압도적인 표를 얻었다. 지난 2002년도 경선 당시 이회창 후보가 얻은 68%인 기존의 최고 기록을 뛰어넘은 것이다. 한국 정당 역사상 유력 정당의 첫 여성 후보이자 전직 대통령의 딸이 대선 후보가 되는 사례를 엮어냈다.

"대통령 선거에서 패배하면 정계를 은퇴하겠다!"

대통령 후보가 된 뒤 이처럼 강력하게 의지를 밝히고 승리의 배수진을 친 뒤, 2012년 12월 10일 국회의원직을 사퇴하였다. 그리고 치열한 선거전에 뛰어들어 불같은 신념으로 열정을 바쳤다. 그런데 뜻밖의 복병을 만났다. 서울대 안철수 교수가 무소속 후보로 깜짝 등장한 것이다. 팽팽한 긴장감이 일어났다. 안철수 바람이 뜨겁게 불면서 걱정스럽다는 말들이 나돌았다. 그러나 상대가 누구든 간에 넘어야 할 고비라고 생각하면서 마음을 굳게 다졌다.

유력한 무소속 후보였던 안철수 교수가 사퇴를 선언하고, 문재인 민주통합당 후보를 지지하는 유세를 펴자 또다시 어려운 고비를 맞은 것처럼 보는 사람들도 있었다. 그러나 선거의 여왕은 방심하지 않고 최선을 다하면서 회심의 미소를 잃지 않았다.

2012년 12월 19일 운명의 날은 밝았다. 이날 제18대 대통령 선거에서 박근혜 후보는 1,577만여 표를 득표하여 문재인 후보를 누르고 당선되었다.

그리고 2013년 2월 25일 역사적인 제18대 대통령으로 취임하고, 2018년 2월 24일까지 5년 임기의 대역사 항해의 힘찬 출항을 시작한 것이다.

대통령 후보에 이어 본선인 대통령 선거까지 힘들고 어려운 고비를 혼신의 열정으로 넘기고 다수 국민들의 지지를 얻으며 당선되어 대한민국의 통치 역사를 지금 새롭게 쓰고 있다.

Point

정치인 박근혜는 상대 쪽 사람들이 '독재자의 딸'이라고 몰아붙이고, '능력 없다'고 비아냥거릴 때 굴하지 않고 '국민대통합'을 외쳤다.

2004년 탄핵 역풍으로 한나라당이 80석도 못 건질 것이라 말이 나올 때, "해보지도 않고 포기하지 말자"고 강조했다. 그리고 121석을 얻어 위기에서 벗어났다.

2012년 총선 때는 이명박 대통령의 실정으로 정권심판 분위기 속이라 탄핵보다 더 어렵다고 했을 때, "절망 속에서 희망을 갖자"며 앞장섰다. 새누리당은 152석을 얻어 국회 과반을 확보했다.

모두가 기사회생起死回生의 기적이다. 이는 큰 병을 앓아 거의 죽음에 이르렀다가 살아났다는 말이다.

02 바쁜 꿀벌은 슬퍼할 틈도 없다

　박근혜의 정치 인생은 어머니 육영수 여사가 세상을 떠난 뒤부터 싹이 트고 준비되면서 인생관이 달라진 것이다. 파리 유학생활을 접고 귀국한 그는 어머니가 하던 일을 그대로 물려받았다.

　"지금은 낭만적인 생활을 꿈꿀 때가 아니라, 개인의 행복을 접고 국가를 위해 헌신해야 한다."라고 마음먹었다. 더는 유학생 박근혜 가 아니라 대한민국 청와대의 퍼스트레이디로 엄숙하고 품위 있고 격조 높은 삶을 살아가는 운명으로 바뀐 것이다.

　대통령 아버지 곁에서 보고 배운 것들을 낱낱이 기록하면서 자신 의 느낌도 빠짐없이 적어 내려갔다. 그러는 가운데 스스로 변하기 시작했다. 나랏일에도 관심을 두게 되고 아이디어가 떠오르고 자신 감도 쌓여가는 것을 스스로 느꼈다.

대통령의 딸로서 어려서부터 우리나라의 정치, 국방, 경제, 외교, 사회, 교육, 문화 등 여러 분야에 걸쳐 새로운 정보를 듣고 감각을 익혔다.

아버지 대통령이 분단국가에서 반공을 가장 중요하게 여기는 것도 옆에서 지켜보았고, 북한의 남침 위협에 대처하면서, 가난과 배고픔에서 벗어나기 위해 산업화에 열정을 쏟는 것도 옆에서 배웠다.

오늘날의 대한민국을 만들기 위해 밤낮없이 일하는 수많은 산업역군, 근로자들도 보았다. 흉탄에 세상을 떠난 아버지, 어머니에게 자랑스러운 딸이 되기 위해서는 어떻게 해야 하는지도 잘 알고 있다.

'수첩공주', '원칙공주', '얼음공주' 등으로 불려온 박근혜 대통령은 무엇이 대한민국을 위하는 것인지 너무나 잘 알고 있다. 그래서 이제 새 시대를 열어가는 대한민국의 대통령으로서 국민들에게 희망과 꿈을 심어주는 자애로운 여성 대통령으로, 세계화 글로벌 시대에 국제적 감각과 리더십으로 대한민국을 이끌어 가는데 열정을 쏟고 있다.

아버지의 죽음, 보통 국민이 아닌 대통령의 죽음, 그것도 운명이 다되어 세상을 떠난 것이 아니라 총탄을 맞고 급작스럽게 서거한 아버지 대통령의 비보 앞에서 전방인 휴전선에는 이상이 없느냐며 나라의 안보부터 걱정한 딸이다. 그런 딸이 아버지의 뒤를 이어 대통령으로 선출되어 나라를 다스리고 있다.

제18대 대통령 선거 열풍이 달아오르기 훨씬 전, 2012년 1월 2일이었다.

"바쁜 꿀벌은 슬퍼할 겨를도 없다!"

이 말은 그가 힐링 캠프에 출연해 어머니 육영수 여사 서거 당시의 심정을 이야기한 것이다.

그때 국민들은 법과 원칙을 중요하게 여기고, 믿음과 신뢰를 존중하며, 어떤 일이 있어도 약속은 반드시 지키려고 노력하고, 약속의 지킴을 중요하게 여기고 실천하는 리더십을 가진 미래의 통치자 박근혜의 참모습을 다시 본 것이다.

그런 국민의 열망을 받아들이고, 자신의 강한 이미지를 보여 주려고 노력하는 준비된 대통령에게 국민들은 희망을 걸고 그에게 표를 던져주었다. 앞으로 그 기대가 믿음으로 돌아오기를 바라고 있다. 약속은 반드시 지키겠다고 하는 점이 가장 큰 장점으로 평가되고 있다.

2007년 대선후보 경선 등을 통해 한 번 약속한 것은 어떤 일이 있어도 반드시 지켜야 한다는 원칙을 매우 중시하는 정치 지도자라는 이미지를 심어주었다.

이러한 원칙 중심의 이미지는 나라의 국정을 운영하는 데에 안정감을 준다는 기대로 연결될 것이라는 평가와 지지를 얻고 있다. 하지만 비판적 입장도 만만치 않다. 그러한 원칙주의의 이미지는 지지층에서는 통할지 모르나 변화를 바라는 사람들에겐 소통도 안 되고 감동도 없는 차가운 지도자로 보인다는 것이다.

"박근혜 대통령은 철저한 비밀주의자다."

이렇게 말하는 사람들이 있다. 측근이라는 참모들조차 중요한 정책에 대해서는 모른다고 하거나, 그에 대한 판단을 내릴 때 누구와 상의하는지 알 수 없다며 고개를 흔든다. 더구나 주변에 다정한 친구가 있다는 얘기를 들어 본 적이 없다고 말하는 사람들도 더러 있다. 그래서 소통하는 능력이 부족하다는 평가를 내리는 경우가 있는지 모른다.

Point

국회의원 시절 '복당녀 박근혜'라는 별명이 붙었다.

미국산 쇠고기 반대 촛불 시위가 광화문 광장을 뒤덮었던 2008년 6월, 박근혜는 "근본 대책이 나와야 한다"는 원론적인 이야기를 분명하게 한 뒤 잠시 침묵을 지켰다. 촛불 집회가 본격적인 거리 투쟁으로 번진 5월에는 당을 떠난 친박 측근들이 당으로 다시 들어오는 복당 문제를 협의하느라 무척 바빴다.

이후 계속되는 복당 요구에 네티즌들은 '복당녀 박근혜'라는 별명을 붙여 비판하기도 하였다. 이때에 이명박 대통령이 그를 유럽 특사로 임명하여 관심을 끌었다.

03 '수첩공주'의 원칙

많은 사람들이 박근혜 대통령의 매력은 '수첩공주'라고 말한다. 수첩에 뭔가를 열심히 기록하는 일은 약속의 원칙을 지키기 위해 꼭 필요하고 매우 중요한 요소이다.

정치 무대로 들어서기 이전부터 몸에 익혀온 습관이다. 핸드백에는 수첩과 펜이 꼭 들어 있다. 그 핸드백을 비서가 들지 않게 하고 자신이 들고 다닌다. 사람을 만나고 무엇을 본 뒤에는 그 내용들을 깨알처럼 기록해 둔다.

그리고 필요할 때마다 그 수첩을 꺼내 기록한 사실들을 다시 살펴보고 지킬 것, 버릴 것, 추천할 것들을 적절하게 추려 실행한다. 정치 활동의 원칙을 지키고 실천하는 지침서이자, 정치인의 덕목을 지키기 위한 생활의 기록이다.

그래서 그 수첩이 말없는 묵언의 사부師傅 곧 스승이다. 정치 활동의 샘이며 힘이 된다. 수첩 속에는 정치인, 법조인, 명망가나 그들의 자제, 국내외 명문대학 출신 인사들, 언론인, 방송인, 연예인 등 각계 인사들을 만나고 이야기를 나눌 때 그들이 지적한 말들과 느낌이 골고루 담겨 있다.

어디서나 수첩에 뭔가를 기록하는 일이 스스로의 습성이라기보다는 아버지의 비망록 '엔마쪼'의 영향이 더 크다. '엔마쪼'는 일본 말로 교사용 수첩을 말한다.

박정희 정부 시절의 엔마쪼는 정치, 경제, 언론계에 엄청난 파장을 일으켰던 것으로 너무나 유명하다. 좋은 의미로 수많은 사람들의 일화, 선행들을 그때그때 담아놓았다. 그 시절에 초대받은 인사들은 공식 자리 또는 사석에서 이런저런 이야기를 비교적 진솔하게 하였는데, 그 이야기 요점들을 비망록에 메모처럼 기록하고, 뒷날 그 내용을 반영했던 것이다.

언론인으로 박정희 대통령의 부름을 받아 저녁 식사를 겸해 막걸리를 들면서 말했다가 뒷날 장관으로 기용된 사람, 좋은 정책을 건의했다가 요직에 발탁된 대학교수의 사례도 있다.

시골 노인들의 선행을 기록하였다가 해당 기관장에게 알려 표창하도록 한 사례 등 여러 가지가 비망록에 가득 담겨 있었다.

반대로 국회의원 시절에 제대로 의정 활동을 못했다고 비망록에 기록되어 다음 번 공천을 받지 못해 여의도 국회를 떠난 사람, 비행을 일삼아 국민에게 원성을 받은 공무원들의 이름도 올랐다. 그 비행으로 뒷조사를 당하고 좌천 또는 퇴직되기도 했다.

'수첩공주'의 수첩도 아버지의 '비망록'처럼 훌륭한 사부 역할을 한다. 유능한 인재를 발굴하는 참고자료로 활용하는 일, 좋은 정책을 펴는 아이디어를 찾아내는 일, 다 함께 행복을 누릴 수 있는 바탕을 찾아보자는 일, 위기를 탈출할 수 있는 지혜를 찾는 일, 그런 역할을 해주기 때문이다.

정치인 박근혜를 수첩에만 의존하는 '수첩공주'라고 말하거나, '수첩공주'의 이미지를 털어내지 못한다고 평가하는 사람들도 있다. 그런 평가는 시대정신에 맞지 않고 흠집을 내려는 의미가 짙으며, 그렇게 말하는 사람들 자체가 문제라는 지적이 많다.

'수첩공주' 이미지에 대한 긍정적인 찬성론이 강한 가운데 반론도 있다. 박근혜 리더십의 요체는 보통 '소신과 원칙'으로 요약된다. 1998년 국회의원이 된 이후 어떤 경우에도 자기 소신을 굽히지 않았고, 말한 내용을 실천하는 원칙을 지키는데 정성을 기울였다. 일시적으로 손해를 보더라도 약속한 것을 지키려고 애쓰는 모습이 높은 점수를 얻은 것도 사실이다.

그 대표적인 경우가 2010년 세종시 수정안 파동이다. 세종시 수정안에 대해 원안을 지켜야 한다며 고집스럽게 밀어붙였다. 그런 이유에 관하여 "국민 생활에 도움이 된다면 따르겠지만, 그렇지 않다고 판단돼서 원칙대로 가는 것"이라고 분명하게 말했다.

박근혜식 소신과 원칙의 리더십은 분명 긍정적인 측면을 가지고 있다. 그러나 독선과 아집이라고 보는 사람들도 있다. 그로 인해 그가 소통 부재 이미지를 받는 것도 사실이다. 원칙은 때로는 좋은 약이지만, 반대로 보면 불통의 이미지를 뒤집어쓰는 경우가 될 수도 있기 때문이다.

박근혜 대통령은 "저도 정치를 시작하면서 참 많은 약속을 했다. 약속을 지키려고 국민을 만날 때마다 수첩에 꼼꼼하게 적어서 틈만 나면 들여다보고 챙겼더니 저보고 '수첩공주'라고 하시더라."라고 말했다.

처음 얼마 동안은 '수첩공주'라는 말을 부정적으로 생각하며 비아냥거리는 사람들이 많았다. 지키지도 못할 약속들을 해 놓고 수첩에 꼼꼼하게 적는다고 비꼬았다.

'수첩공주'라는 별명이 붙인 것은, 한나라당에서 회의할 때 수첩을 보며 읽는 것처럼 발언하고, 회의 중에 휴대전화로 전화가 오면 누가 들을세라 저만치 나가서 전화를 받는데, 대부분 듣기만 하면서 무언가 기록하고, 전화를 마친 후에 회의를 다시 진행한다는 것이었다.

이와 관련하여 "박근혜는 누가 가르쳐주는 것을 수첩에 쓰고 난 뒤 자리로 돌아와서 발언하고, 회의 중이라도 어떤 사람의 조언을 받고서야 문제점에 대한 발언을 한다."고 잘못 여기는 이상한 기류가 생겨났다. 이런 점들이 뉴스를 타고 보도되면서 의문을 품는 추측 기사도 나왔다.

또 정부 정책 질의에서 보여준 박근혜의 지식수준과 자신의 질문에 대한 구체적인 사실적 인식 결여 등에서 수첩에 적어온 것밖에는 말하지 못하는 '100단어 수첩공주'라는 말까지 생겼지만, 사실과 다르게 잘못 만들어 퍼뜨린 이야기들이다.

'박근혜 스타일'이 화제이다. 대통령 당선인 시절 핸드백은 물론이고 비오는 날 우산을 직접 들고 행사장으로 들어가는 모습이 뉴스 화면에 들어왔다. 비서진에게 맡기는 법이 없다.

다른 대통령들은 말할 것도 없고, 장관만 되어도 비서가 큰 우산을 옆에서 받쳐주고 가방을 들고 뒤따른다. 사실 박근혜 대통령은 그렇지 않다. 우산도 핸드백도 직접 챙기는 것으로 유명하다.

그러나 이런 모습은 국민정서에 반하는 것이라고 여기는 사람들도 있다. 모는 걸 직접 챙기는 스타일은 그 누구도 믿지 않는다는 오해를 낳게 된다. 작은 일로 오해의 싹을 만들 필요는 없다.

04 사랑과 이해의 리더십

글로벌 시대에 우리에게 진정으로 필요한 리더십은 무엇일까?

인류 역사상 시대별로 대표되는 리더십은 여러 가지로 다양하다. 먼저 혼자서 여러 사람을 이끌어가는 강호동 스타일이나, 카리스마 넘치는 유재석 리더십이 그렇다. 그래서 강호동처럼 행동하거나, 유재석처럼 말하는 리더십이 필요하다는 말까지 등장하고 있다.

흔히 안철수의 리더십은 '섬김의 리더십' 또는 '봉사의 리더십', '참지식인의 리더십' 등으로 관심을 끌었다.

나라를 통치하려는 대통령의 리더십은 최고의 학문적 두뇌를 가진 모범생보다는, 많은 사람을 이끌고 나아갈 강력한 카리스마의 통치력이 있어야 한다는 것이다.

머리가 뛰어나게 좋아서 공부를 잘한 사람은 대학에서 훌륭한 교수로 제자들을 잘 이끌 수 있다고 믿는다. 하지만 그 사람이 보통 사람들, 생각과 수준이 제각각인 절대 다수의 국민도 잘 이끌고 나아갈 것이라고 기대해도 좋을까?

많은 사람에게 봉사하며 국민 모두에게 행복을 안겨줄 지도자, 강력한 지도력을 발휘하면서 나라의 안정을 이룩하고 사람들에게 행복을 안겨주는 리더십을 지닌 지도자를 국민은 원한다.

머리도 좋고 마음도 착한 지도자, 소통의 리더십을 발휘하면서 강력한 리더십을 보여줄 그런 지도자는 정말 없는 것일까? 많은 사람들이 그런 지도자를 요구하고 있지만, 그런 지도자의 모습은 좀처럼 보이지 않는다.

지구촌 그 어느 나라에도 그런 지도자는 없다. 있다면 고집불통의 독재자가 종종 있을 뿐이다. 지도자의 리더십은 각자가 가진 성격에 따라 다양한 형태로 나타나고 있다.

한국 최초의 여성 대통령은 모두가 함께 행복을 누리는 희망의 나라, 복지국가 건설을 강조하고 있다. 그 힘은 바로 통합의 리더십에서 나온다.

그런 리더십을 길러 준다는 캠프 프로그램도 여기저기서 등장한다. 그 한 가지 예가 가족 사랑을 주제로 한 프로그램이다. 사람의 성격 유형을 여러 형태로 나누고, 나와 성격이 다른 사람들을 이해하고 사랑하는 마음, 사람들과 더불어 살아가려는 연결고리를 엮어주고 서로 다른 특성을 이해하도록 도와주자는 프로그램이다.

이런 프로그램을 통해서 서로 다른 성격의 유형을 찾아낸 친구들은 "아하, 그렇구나!"라며 감동한다.

"내가 왜 그렇게 생각하고 행동했는지를 알았다."

그러면서 마음이 편안해지도록 이끌어준다. 나와 다른 사람의 행동과 생각들로 인해 고민하고 상처받은 친구들이 프로그램을 통해 변화되는 모습을 스스로 느낄 수 있다. 마음속의 고민으로부터 벗어나 평소에 느끼지 못한 것을 발견한다.

"아하! '내가 맞고 네가 틀린 것이 아니라, 나와 네가 서로 다르다."

서로가 차이점을 인정한다. 변화된 모습의 해결책은 특별한 것이 아니라는 것도 발견한다.

우리는 서로 다르다. 모습도 다르고, 성격도 다르고, 목소리도 다르며, 행동도 다르다. 그렇게 다르다는 사실을 인정하게 되면 마음이 편안해진다.

일란성 쌍둥이는 얼굴이 너무 똑같아서 가족 아닌 다른 사람이 볼 때 누가 형이고 누가 동생인지 쉽게 구별이 안 된다. 쌍둥이는 얼굴 모습은 똑같아도 성격은 전혀 다르다.

더구나 가정, 사회, 국가 모두가 서로의 다름을 인정하고, 그 가운데서 각기 다른 생각들을 존중하고 받아들이면 행복한 웃음을 가질 수 있다. 그렇게 다른 것들을 서로가 인정하고 받아들여야 한다. 서로 다른 것을 인정하지 않고 닮으라고 하는 것은 강요일 뿐이다.

나와 너는 생각이 다르고 행동이 다르고 성격이 다르지만, 우리는 하나라는 생각을 갖는 일이 중요하다. 오늘날은 저마다 의견을 발표한다. 그래서 분열과 갈등의 골이 더 깊어질 수도 있다. 글로벌 시대를 살아가는 우리들에게 필요한 리더십은 서로 다르다는 사실을 인정하고 품어주는 리더십이다. 이것이 진정한 통합의 리더십이다.

대통령이 되기 위한 전략은 매우 치밀했다. 2012년 대선 후보 기간에 새누리당 유력 대선 주자인 박근혜 비상대책위원장은 "대한민국 제18대 대통령 선거에 출마한다."고 공식 선언했다.

출마 선언 시간은 오전 10시, 장소는 영등포 타임스퀘어 광장이었다. 각계각층의 국민이 많이 다니는 열린 공간이라는 점에서 그곳을 선택하여 대통령 선거 출마를 밝혔다.

'인의 장막'이라는 놀림을 받는 청와대 안에서 정치할 것이 아니라 일반 대중 속으로 들어가 정치하겠다는 의도를 은연중에 내비친 것이다.

선거 캠프 이름은 '국민행복캠프.' 생각의 발상부터가 달랐다.

05 믿음과 나눔의 아름다움

박근혜 대통령은 복잡하고도 다양한 한국 정치를 정말 바꿀 수 있을까?

많은 사람들이 한국의 이러한 정치 형태를 바꿔 주기를 바라고 있으면서도 궁금하게 여기는 대목이다. 이 질문에 대한 답변은 대통령 리더십의 원형을 이해하지 않고서는 불가능하다. 먼저 대통령의 리더십을 보다 면밀히 분석한 다음에 답을 내릴 수 있는 문제이다. 대통령에 당선되고 취임하는 사이에서 보여준 일에서, 그리고 여러 가지 메시지나 정책을 추진하고 처리하는 과정에서 달라진 대통령의 강한 리더십과 의지를 느끼게 하였다.

그리고 취임식을 통해 불신과 반목의 편 가르기를 떠나서 서로 하나가 되어 믿음과 나눔의 철학을 구현하겠다는 신념을 분명히 하였다. 미래를 향해 달려가는 새로운 나라, 국민이 행복을 느끼는 나라로 만들어 가겠다는 통치 이념을 확실하게 밝혔다.

'박근혜 정부'는 나라의 근본 바탕을 자유민주주의에 두고 국민들의 생활수준을 향상시키면서 행복을 느끼도록 통치한다는 것을 중심 바탕으로 삼고 있다. 이런 통치 리더십은 바로 국민의 삶이 평화롭고 안정을 누려야 한다는 데에 있다. 이러한 통치 리더십은 자유민주주의의 기본이자 정치 철학의 힘이기도 하다.

경제적으로는 시장경제를 강력하게 추진할 가능성도 충분히 예상되고 있다. 모든 것을 현재의 국민 눈높이에 맞춰 낡은 것은 새롭게 고치고 좋은 점은 더욱 지켜 나간다는 것이다.

그래서 '박근혜 대통령은 확실하게 바꾸네'라는 말이 따라다닐 가능성이 그만큼 높다. 국민들이 바라는 소망을 실현하는 실천의 리더십, 여론의 정치가 아니라 신념의 정치, 믿음의 정치가 예고되고 있기 때문이다.

여론에 이끌려서 흔들리지 않고 잘못된 여론에 굴복하지 않으려는 강한 의지가 엿보인다. 그것이 바로 여성 대통령의 자상하고도 강한 리더십이다.

여론에 휘둘리지 않는 통치자라는 인상은 이미 여러 곳에서 드러나고 있다. 그런 가능성은 국민을 위하는 신뢰와 나눔의 정치 이념

에서 분명하다. 법과 질서를 지키는 일을 매우 중요하게 여기는 강한 리더십으로 국회를 존중하고 서로 협조하면서 국민들이 믿고 따르는 소통 정책을 실현시켜, 국민으로부터 나오는 힘을 통치 현실에서 꽃피도록 하겠다는 것이다.

국민과의 진정한 소통이 이뤄질 때 대의민주주의도 찬란하게 빛나고, 자유민주주의도 생명력을 갖고 더욱 발전하게 된다는 것을 온몸으로 보여주겠다는 실용적 리더십이다.

국민이 믿고 희망을 가지는 신념의 정치를 실현하기 위해서 모두가 함께 누리고, 함께 나누는 긍정적 여론을 만드는 데도 힘을 쓰겠다는 것이다. 먼저 국민이 아픔을 느끼지 않도록 국민 속으로 들어가는 여성 대통령으로서의 자애로움을 보여주고 노력하는 성실의 리더십을 보여 주겠다는 것이다. 그런 자신감을 가지고 있다.

아이들의 아픔을 감싸 안아주는 어머니의 마음으로 국민의 삶을 챙겨주는 인자함의 리더십, 고단한 삶에 지쳐서 실망의 바다에 빠지려는 국민을 건져 주겠다는 강한 통치 리더십이 여성 대통령의 장점이다. 그런 마음과 자세가 국민의 가슴속으로 스며들고 있다.

위기를 극복하는 탁월한 대처 능력의 리더십은 이미 국회의원과 당 대표 시절에 곳곳에서 보여 주었다. 강인한 리더십은 장점 중에서도 큰 장점으로 꼽힌다. 위기를 바로 보고 대처하지만, 결코 위기를 두려워하지 않으며, 또 두려워할 이유도 없다. 그 길이 어느 길인지를 국민에게 바로 알려 주는 통치력을 지니고 있다.

활력이 넘치는 여성 대통령, 에너지가 충만한 여성 대통령의 이미지를 취임식에 만천하에 드러냈다.

국민에게는 모든 것이 어려운 시대, 역대 대통령 가운데서 통치하기가 가장 힘든 시대를 만난 대통령이라고 말하는 사람들도 있다. 하지만 그런 생각을 하지 않아도 된다는 인상을 보여 주었다. 분단국가의 첫 여성 대통령으로서 자유민주의 통치 철학과 이념을 펼치겠다는 강한 리더십을 펼치고 있다.

Point

많은 국민은 박근혜 대통령에게 잘못된 제도를 고쳐 달라고 주문하고 있다. 국회의원, 당 대표, 당선자 시절을 뛰어넘어 대통령 시대를 명확하게 설정해서 통치력을 발휘해야 한다는 것이 주문의 주요 골자이다.

'박근혜 정부'의 5년은 대통령의 특별한 리더십에 따라 한국 정치가 크게 바뀔 수 있고, 또 통치 형태에 많은 변화가 일어날 것이 분명하다는 것이다. 권력이 여당으로 분산되어 쪼개지는 것을 가능한 한 억제하고 행정부 중심으로 공약을 실현해 나가야 한다는 주문이다.

북한의 핵실험 등 각종 위협도 풀어야 할 관심사이지만 호랑이에게 물려가도 정신을 차리면 살고, 새벽 동트기 전이 가장 어둡다는 말처럼, 위기 속에서 기회를 잡아야 한다고 주문하고 있다.

03

살아 있는 소중한 경험

01 명쾌한 비유 화법

　박근혜 대통령의 독특한 '절제 화법'이 명쾌한 '비유 화법'으로 바뀌면서 국민들의 눈과 귀가 비유 화법으로 쏠리고 있다. 평소 딱딱하고 간소하며 절제된 화법을 사용하여 왔으나, 이런 절제 화법에서 비유 화법으로 새로운 이미지를 전달하고 있기 때문이다.

　예를 들면 대통령직 인수위원회에서 업무 보고를 받을 때 "신발 안 돌멩이", "손톱 밑의 가시", "정책의 등대", "분만실의 산모"라는 말을 하면서 강조한 것이 그렇다.

　경제 분과 업무 보고에서는 "신발 안 돌멩이"라는 비유법을 예로 들면서 "아무리 좋은 구경을 간다 해도 신발 안에 돌멩이가 있으면 다른 얘기가 귀에 들어올 리 없다."라고 말했다. 또한, 중소기업 애로사항을 듣고는 "빼내야 할 손톱 밑 가시"라고 비유했다.

특히 "정책이 실제 현장에서 제대로 실행되는지 챙겨야 한다. 나는 이런 키워드를 정책의 등대로 볼 수 있다고 생각한다. 항상 그 등대를 보고 그에 맞는 다양한 정책을 만들어 내야 한다."라는 비유에서는 많은 사람이 공감했다.

'신발 안 돌멩이'와 관련한 일화는 많다. 사람의 발은 잘생긴 발, 못생긴 발 가릴 것 없이 섬세하고 정밀한 조직이다. 발은 뼈 25개와 근육 19개에, 107개나 되는 많은 인대를 갖고 있는 복잡한 구조이다. 그래서 뼈나 인대 중의 어느 하나라도 고장 나면 걷기가 매우 불편하거나 어려워진다. 발은 우리가 걸을 때마다 몸의 균형을 잡아주면서 발밑에서 올라오는 충격을 이겨낸다.

그런가 하면 감각이 무척 예민해서 발바닥 밑에 있는 어떤 이물질들을 바로 알아낸다. 신발 속으로 작은 돌멩이나 모래알이 들어오면 즉시 불편함을 느낀다. 그래서 걸음을 멈추고 그 물질을 꺼내 버리는 것이다.

서양 사람들은 일상생활에서 겪는 불편을 '신발 안 돌멩이'라는 말로 곤잘 비유하거나, 해묵은 역사에 비유되기도 한다.

시라크 프랑스 대통령이 알제리 독립 41년 주년을 맞은 2003년에 알제리를 공식 방문한 일이 있다. 그때 시라크는 프랑스가 1830년부터 132년 동안 알제리를 식민통치한 과거사를 사과했고, 알제리의 독립투사 추모비에 꽃도 바치고 묵념도 올렸다.

두 나라는 해묵은 원한의 앙금을 풀고 상호 교류 협력을 강화하는 '알제리 선언'을 발표했다. 그 역사적인 화해 장면에 대해 프랑스 르몽드 신문은 "두 나라가 신발 안 돌멩이를 빼냈다."라고 보도했다.

영국 TV 코미디 프로그램 중에 〈신발 안 돌멩이〉가 많은 시청자들을 웃겼다. 주인공 미스터 빈은 왼발 구두 속으로 작은 돌멩이가 들어오자 쩔뚝거리며 길바닥을 쾅쾅 내리쳐 돌멩이를 가루로 만들려고 끙끙거리는 장면이 나온다. 뜻대로 안 되자 드디어 구두를 벗어 도로 옆 승용차 지붕 위에 올려놓고 발바닥을 긁으며 미소 짓는다. 그러는 사이 자동차는 씽씽 달려가고 빈은 뒤뚱발이로 자동차를 쫓아가지만, 거리는 점점 멀어진다.

그런가 하면 덴마크 영화감독 라스 폰 트리에는 칸영화제에서 대상을 받은 뒤 "영화란 신발 안의 돌멩이가 돼야 한다."라고 소감을 밝혔다.

이런 말들은 모두가 인간의 본성 안에 박힌 불편한 메시지를 드러내는 것들이다. 돌멩이 역할을 지적한 이야기이다. 그런 돌멩이가 대통령의 신발에도 들어갈 수 있다는 비유이다.

잘못을 바르게 지적하는 소리는 귀에 거슬리고 아첨하는 소리는 달콤하게 들린다.

옛날 평화롭던 시대라고 일컫는 요순시절에도 도유우불都俞吁咈이라 하여 요 임금과 순 임금이 신하들과 정사를 이야기할 때 찬성과 반대 의견을 거리낌 없이 주고받았다고 한 말이다. 도都는 찬성, 유俞는 동의, 우吁는 생각이 다르고, 불咈은 반대를 뜻한다. 임금의 뜻이 옳으면 찬성하고, 그렇지 못하면 반대하였다는 옛말이다.

성공한 대통령들은 측근의 바른 소리와 국민의 고통 소리를 잘 듣고 고쳐 어진 정치를 편 사람들이다. 신발 안의 돌멩이를 귀찮다고 털어버려선 안 된다. 신발 안으로 굴러 들어온 돌멩이가 호소하는 소리를 귀담아들어야 나라가 바로 서고 국민의 걸음걸이가 즐거워진다는 교훈이자 진리이다.

비유 화법은 잘만 쓰면 그 효력이 금세 나타난다. 하지만 잘못 쓰면 웃음거리가 되고 만다.

대체로 절제 화법은 딱딱한 인상, 굳은 표정, 불통의 리더십으로 비춰지기 쉽다. 그러나 비유 화법은 부드러움, 친밀감, 자상함, 소통의 전달 메시지로 더 가깝게 다가설 수 있는 느낌을 준다는 것이 심리학자들의 공통된 분석이다.

특히 비유 화법은 이해하기 쉽고 머릿속에 금세 기억되어 오래 남는 특성이 있어, 메시지 전달의 효과가 그만큼 빠르고 높아진다.

02 충격의 피습 사건

대한민국은 남북이 갈라져 전쟁을 치렀고, 지금도 전쟁 아닌 전쟁 상태가 계속되고 있다. 남쪽에서는 영남과 호남 사람들의 의견이 같지 않다 하여 국론이 분열되고, 동서가 화합하지 못하고 있다는 볼멘소리가 이어졌다. 그런 가운데 아시아 통화 위기까지 맞았다.

"이제 정치 무대로 나와 나라를 위해 일해야 한다."

한나라당에서 더는 은둔생활 속에 머물러 있지 말라며 불러냈다. 1998년 국회의원 보궐선거에 후보자로 내보냈다. 여기서 당선되어 첫 번째로 금배지를 달았다. 정치인의 길로 들어선 것이다. 혜성처럼 등장한 새 정치인 박근혜는 국회에서 놀라운 리더십을 발휘하기 시작하였다.

2004년 총선을 앞두고 한나라당 대표로 선출되어 취임하였다.

그러나 한나라당에 대한 국민의 지지도와 여건이 매우 좋지 않은 상황이었다. 한나라당이 엄청난 정치자금을 받았다 하여 '차떼기'라는 파문이 일어나고, 노무현 대통령 탄핵 사태가 역풍으로 불면서 전망이 어두워졌던 것이다. 그런 위기 속에서 국회의원 선거를 치렀다. 당 대표로 뛰어난 리더십을 보이며 천막 당사를 발판 삼아 위기를 극복하고 121석을 얻었다.

여기서 '선거의 여왕'이라는 칭호를 받았다. 그 뒤 2006년 6월 당 대표직에서 물러날 때까지 2년 3개월 동안 사실상 모든 선거를 승리로 이끌었다.

선거 리더십은 국회의원 총선과 보궐선거, 지방선거 등에서 계속 위력을 보였고, 2012년 4월 총선에서도 뛰어난 선거 전략으로 선전하며 '선거의 여왕' 자리를 굳게 지켰다.

너무나 열심히 선거 운동을 하고 수많은 유권자들과 일일이 악수를 하는 바람에 손목이 부어 붕대를 감고 다니면서 유세를 계속하였다. 그러자 '선거의 여왕'을 질투하는 괴한의 검은 그림자가 드리웠다.

2006년 5·31 지방선거 유세가 불을 뿜고 있을 때 괴한이 인천에서 버스를 타고 서울 신촌에 와서 4시간을 기다리며 범행을 노리고 있었다. 오후 7시 20분경 박근혜는 오세훈 서울시장 선거 유세를 위해 유세장에 도착하여 단상으로 올라가고 있었다. 그 순간 괴한이 달려들며 문구용 커터 칼로 귀밑에서 목으로 내려긋는 끔찍한 공격을 가한 것이다. 기습 테러를 당했다. 수행한 사람들은 물론 아무도 상상조차 할 수 없었던 참변이었다. 유세장은 괴한의 피습으로 순식간에 아수라장으로 변했다.

한순간의 피습 공격으로 오른쪽 얼굴이 11cm나 찢어졌다. 최저 1cm에서 최고 3cm 깊이의 상처를 입었다. 갑자기 당한 피습 사건으로 얼굴은 피범벅이 되었다. 칼에 베인 상처 사이로 살이 벌어졌다. 그 끔찍한 모습에 주위 사람들이 전율했다. 너무나 참혹한 모습이었다.

손으로 얼굴을 감싸 안았다. 다급한 순간에서도 상처를 방관하고 흐르는 피를 지혈하지 않으면 수술은 물론 생명에도 위험이 생길지 모른다는 절박감이 앞섰다. 급히 병원으로 후송되어 수술을 받았다. 다행히 생명의 위험은 피해갔지만, 칼로 11cm 가량의 상처를 입은 오른쪽 뺨은 60바늘이나 꿰매는 대수술을 받았다.

수술을 맡았던 의사가 수술을 끝낸 뒤 말했다.

"상처가 1cm만 깊었다면 목숨이 위험했다. 스스로 상처를 움켜잡는 응급조치를 하지 않으면 수술 후의 흉터가 심각했을 뻔했다."

순식간에 괴한이 예리한 칼로 얼굴을 찢어놓는 사건이 서울 한복판에서 일어나자, 살인미수 사건이라며 많은 사람들이 분노했다. 하지만 수술실에 들어가기 전까지도 "지금은 선거 운동 기간이므로 흔들림 없이 선거 운동에 임하라."고 지시하는 등 침착함과 의연함을 잃지 않았다. 그리고 수술을 마친 뒤 "대전은요?"라고 물었다.

이 네 마디의 짧은 말이 언론에 보도되면서 수많은 지지자들을 감동시켰다. 피습 사건을 당하고도 당원들에게 선거 판세를 물어보는 모습을 보여 당 안팎에서 뜨거운 환호와 함께 높은 지지를 받았다.

그때 대전은 선거전이 한창 치열한 격전지였다. 수술대에서 대전시의 선거 유세 상황을 챙겼던 열성과 리더십은 지방선거를 승리로 이끌어내는 기폭제가 되었다.

치료를 받고 병원을 나서며 이런 말을 남기고, 선거 격전지 대전으로 내려가 지원 유세를 하였다. 수술 후, 상처로 음식을 먹지 못해 부쩍 수척해진 얼굴로……

"이제 우리 모두가 서로의 아픔을 치유해야 할 때입니다. 저의 피와 상처로 우리나라의 모든 갈등과 상처가 봉합되고, 하나 된 대한민국으로 나아

가는 계기가 되기를 간절히 바랍니다. 이번에 제가 이렇게 무사히 병원을 걸어서 나가는 것은 저에게 아직 할 일이 남아 있기 때문이라고 생각합니다. 앞으로 남은 인생은 덤이라고 생각하고 국가와 국민을 위해서 부강하고 안전한 나라를 만들기 위해서 더욱더 저의 모든 것을 바치겠습니다."

Point

대통령을 보좌하던 퍼스트레이드가 드디어 정치 무대로 들어섰다. 그러자 반대쪽에서는 비아냥거렸다. 이유는 "박정희 전 대통령의 딸이 국회의원에 도전한다."거나 "독재자의 딸이 정치를 한다." 또는 "미혼 여성이 무슨 정치를 하나?"라는 것이었다.

곱지 않은 시선, 달갑게 여기지 않는 눈초리를 보내는 사람들 틈에서 괴한의 칼부림까지 당한 것이다.

"두고 보아라. 우리나라 정치 무대 풍토를 바꿔 놓을 테니."

남이 잘되는 모습에 눈살을 찌푸리는 사람들이 있는가 하면, 잘하라고 격려하는 사람들도 있다. 국회의원 후보 출마 때부터 많은 주목을 받으며 정치인의 길로 들어섰다.

03 '선거 여왕'의 눈물

박근혜는 남자들도 못해 내는 일을 해냈다. 2004년 17대 총선 때 소속 정당인 한나라당은 엄청난 시련을 맞았다. 많은 국민으로부터 외면당하면서 위기의 수렁에 빠졌다. 한나라당의 지지도는 유례없이 추락하고, 최병렬 대표마저 사퇴하는 어려움에 부딪혔다.

"위기는 기회다!"

두 주먹을 불끈 움켜쥐고 당을 살려내기 위해 발바닥에서 불이 날 정도로 뛰어다녔다.

'천막 당사'를 만들고 그 안에서 정치활동을 폈다. 그러자 반대쪽 정당에서 "정치 쇼 당장 집어치워라"며 거칠게 몰아붙였다. 그러나 '천막 당사' 안에서 착실하게 위기관리의 리더십을 보여주었다.

한나라당 대표가 된 뒤, 그때까지 해오던 운영 방식을 근본적으로 바꾸었다. 국회의원을 여러 차례 지낸 다선 의원과, 당의 중심인 중진 의원, 운동권에서 포섭해 온 세력 등이 중심이 되어 운영하던 것과는 다른 방향에서 위기를 헤쳐나가는데 적극 앞장섰다.

여러 차례 기자회견을 통해 국민에게 진심으로 용서를 호소하면서 지지와 성원을 부탁하였다. 이런 성실의 리더십은 국민의 마음을 움직였다.

국회의원 선거를 앞두고 거의 전멸 위기에 빠진 한나라당은 '천막 당사'의 위기관리 리더십과 국민을 향한 호소의 리더십으로 구사일생 회복세를 보였다. 선거 결과 비록 국회 제1당 자리는 내주었지만, 121석을 차지하여 예상 밖의 성과를 거두었다.

역풍의 위기에 빠진 한나라당을 일단 구해 냈다. 이때부터 박근혜의 리더십은 위력을 발휘하면서 그의 영향력이 커지기 시작하였고, 미래를 향한 대권주자로 떠올랐다. 쓰러져 가던 한나라당, 뿌리째 몽땅 빠지려던 한나라당을 일으켜 세우고, 흔들리던 줄기를 바로 세웠다. 그만큼 튼튼하게 다져놓고 대통령에 도전하는 발판을 마련한 것이다.

2007년에 치를 대통령 선거의 유력한 예비 후보 중 한 사람으로 떠올랐다. 한나라당의 당권과 대권의 분리 방침에 따라 대통령 선거를 1년 앞두고 한나라당 대표직을 내놓고 대선으로 뛰어들었다.

그때 가장 큰 상대는 서울시장을 지낸 이명박이었다. 청계천 복원 공사를 멋지게 해냈고, 버스노선 개편 등으로 인기를 끌고 있었던 것이다. 본격적인 대선 경선 레이스가 불을 뿜어대기 시작하였다.

강력한 경쟁자인 이명박 주변에 석연치 않은 부패 비리가 있다는 의혹이 여기저기서 제기되었다. 이 과정에서 BBK 주가 조작 사건 등이 처음으로 떠오른 것이다.

그러나 한나라당 대선 후보 경선에서는 일반 당원과 대의원, 국민선거인단 경선 등에서 모두 승리했지만, 전화 응답자 1표를 실제의 5표로 환산한 여론조사에서 뒤져 이명박과의 대선 후보 경선에서 밀려나며 패배했다.

'선거의 여왕'도 패배의 쓴잔을 마셨던 것이다. 자신에게 다가오는 선거의 역풍을 막아내는 데는 한계를 느꼈다. 힘이 부족했다. 어쨌거나 졌다. 청와대로 들어가는 길에 빨강 신호등이 켜지면서 멈춰 서야 했다. 그러나 실망하지 않았다. 다음에는 파란불이 켜질 것이니까.

"5년 후에는 기필코 청와대로 들어간다!"

마음을 굳게 다져 먹었다. 그리고 결과에 깨끗이 승복하고 물러섰다. 한나라당의 대선 후보로 이명박이 선출되고, 그가 대통령으로 당선되어 청와대로 들어갔다.

마음을 정리하고 있던 중 2007년 4월 미국 콘돌리자 라이스 국무장관과 만났다. 한국과 미국 두 나라 문제에 대해 여러 가지 의견을 나누면서 국제적인 리더십을 발휘하였다.

Point

'선거의 여왕'은 2007년 대통령 후보자를 뽑는 한나라당 경선에서 이명박 후보와 경쟁하며 열심히 선거 운동을 폈으나 결과는 패배였다. 그 뒤 친박 의원들이 한나라당 국회의원 공천에서 많이 탈락되었다. 이에 대하여 "국민도 속고 나도 속았다."라는 말을 하여 정치적 파장을 일으켰다.

2008년 미국산 쇠고기 수입 재협상, 세종시 수정안, 미디어법 개정 등 정책문제 등에 "박근혜가 반대한다."라는 말이 떠돌아 다녔다. 하지만 원칙과 약속은 지켜져야 한다고 맞섰다.

많은 사람들이 열렬히 지지하며 격려와 위로를 보냈다. 한편으로는 독재자의 딸이라며 아버지와 딸을 함께 비판하는 세력의 반발도 만만치 않게 받으면서 시달렸다.

04 김정일과 당당하게 대담

대한민국 국회의원 박근혜와 북한 김정일 국방위원장의 대담은 2002년 5월 평양에서 당당하게 이루어졌다. 평양을 5월 11일 방문하여, 5월 13일 김정일과 만나 대담한 뉴스가 지구촌으로 전파되었다.

한나라당 국회의원 신분으로 북한에 들어가 김정일을 만나 대담한 사람은 박근혜가 유일하다. 그때 1시간 이상 단독 대담을 갖고 남북철도 연결, 금강산댐 안정성 공동조사, 이산가족 면회소 설치 등 굵직굵직한 현실 문제들에 관하여 이야기한 것으로 전해졌다.

김정일을 만나러 갈 때는 중국 베이징을 거쳐 평양으로 들어갔지만, 돌아올 때는 판문점을 통해 5월 14일 서울로 돌아왔다. 북한 방문 길에는 치마를 입었다. 이 모습은 북한 주민들에게 친숙한 인상을 남겼다고 뉴스는 보도했다.

평양에서 김정일과 1시간 이상의 단독 대담도 그렇지만, 방북할 때 중국을 거쳐 들어갔는데, 김정일이 중국 베이징으로 특별 전세기를 보냈다. 이는 김정일의 특별함이 담겨 있는 것으로 국제적인 뉴스의 물결을 탔다.

여기에는 박근혜 국회의원이 장차 대한민국 대통령이 될지도 모른다는 정치적 계산과 함께 김정일이 그의 큰아들을 제쳐놓고 셋째 아들인 김정은을 후계자로 지명하려는데 따른 고민도 담겨 있었다고 정치평론가들은 지적하였다. 지금 그것이 현실로 다가섰다.

'박근혜 정부'의 대북정책 기조인 '한반도 신뢰 프로세스'는 북한과 대화하고 교류해야 하지만, 북한이 국제사회의 규범에 따라 책임 있는 일원으로서의 의지를 보여줄 때에 진전될 것임을 강조하고 있다. 자유민주주의 정신과 철저한 민족 수호 사상은 이미 여러 곳에서 드러났다.

사실, 대통령이 되기 훨씬 전부터 자유민주주의에 대한 생각이 깊고 집념도 무척 강했다. 그런 이유는 육군 장교로, 장군으로 평생을 헌신한 아버지, 그리고 혁명 후에 대통령이 되어 공산주의와 맞서 반공을 국시로 내걸고 나라를 다스린 아버지, 여기에 어린 시절 청와대 관저로 들어가 성장하면서 보고 배운 것들이 종합적으로 응집된 것이다.

초·중 학창 시절에 반공 글짓기를 하고, 새마을 운동으로 지금은 없어진 초가집도 그려 보았다. 그리고 총탄에 유명을 달리한 어머니 대신 퍼스트레이디가 되어 아버지의 정치적 스타일과 통치 철학을 옆에서 보고 배웠다. 이런 것들이 종합적이고도 복합적으로 얽혀 자유민주주의의 신념을 더욱 확고하게 다져준 요소가 된 것이다.

어린 시절부터 우리나라는 정치, 사회, 경제, 문화적으로 매우 특수한 나라라는 것을 느끼면서 자랐다. 아름다운 금수강산으로 일컫는 한반도, 면적이 크지도 않은 나라가 남과 북으로 갈라져서 정치적 사상적으로 싸우는 나라라는 것을 이해할 수가 없었다.

"통일이 되면 엄청난 국력으로 놀라운 발전을 이룩할 수 있을 텐데……."

그런 생각은 종교보다도 강한 신념이다. 그렇게 정신무장이 되어 있었기에 무력으로 남한을 적화시키려고 벼르는 김정일과 마주 앉은 자리에서도 당당하고 자신감에 넘쳤던 것이다.

국회의원 시절에 단행했던 일련의 북한 방문 기록과 정치적 의미는 지금 대통령으로서 대북정책을 추진하는 데 있어 매우 소중한 정치적 자산으로 작용하게 될 것이 분명하다.

북한 핵실험에 대해 "평화를 파괴하는 행위는 대가를 치러야 한다! 북한의 핵개발은 세계를 적으로 돌리는 것이다. 얻을 게 없다는 것을 보여줘야 한다."라고 강력한 메시지를 날렸다.

국회의원 시절에 평양을 방문했던 박근혜는 5월 11일부터 14일까지 평양 백화원 초대소에 머물렀다. 김정일과 단독 대담을 1시간 이상 진행하고, 주말의 평양 시내 일부를 시찰하였다.

북한은 대한민국을 공산화 체제로 통일하여 공산당이 다스리겠다는 야욕을 버리지 않고 있다.

북에 납치되었다가 탈출한 영화배우 최은희 여사의 《북한 체류기》를 보면, 김정일은 낮에는 자고 밤에만 주로 연회석에서 국정업무를 지시한다고 기록하였다.

05 방울이를 땅에 묻고

지구촌에는 애완동물을 키우는 지도자들이 상당수이다. 우리나라 역대 대통령들도 애완동물을 길렀다. 특히 개를 좋아한 대통령이 세 분이었다. 박정희 전 대통령은 '방울이', 김대중 전 대통령은 '똘똘이', 노무현 전 대통령은 '누리'와 '마루'가 애완견이었다.

그럼 박근혜 대통령의 애완동물은 무엇일까. 애완견 '방울이'가 있었는데 지금은 없다. 방울이는 어머니 육영수 여사가 귀여워한 강아지였다. 그러나 어머니가 서거한 뒤 아버지 박정희 대통령 곁을 지켰다. 아버지는 그 방울이를 무척 귀여워하면서 방울이 모습을 직접 그림까지 그렸다. 아버지마저 세상을 떠나자 딸 근혜가 맡아 키웠다.

그런데 代를 이어가며 귀여워하던 방울이가 죽었다. 방울이를 땅에 묻고 미니홈피에 글을 올렸다.

"생명의 존엄을 다시 깨달았다. 방울이가 죽은 후 마음이 아파 강아지 키우기가 겁난다."

애완견을 사랑하고 생명의 소중함을 중시하는 마음이 묻어나는 글이다. 개는 주인에게 충직하고 사람과 감정을 주고받는 교감交感 능력이 뛰어나다.

김대중 전 대통령의 애완견 이야기는 남달랐다. 야당 시절 당사에 있을 때 부인 이희호 여사로부터 "똘똘이가 없어졌다."라는 전화를 받았다. '똘똘이'는 김 대통령이 1968년부터 키우던 '치와와'였다. 전화를 받은 김 전 대통령은 부랴부랴 '똘똘이'를 찾으러 집으로 달려갔다.

김 전 대통령은 1981년 부인에게 보낸 옥중獄中 서신에서 "개 이야기를 쓸 땐 똘똘이 이야기만 쓰지 말고 캡틴, 진돌이, 진숙이 이야기도 함께 알려 달라."고 부탁했다. 셋 다 애완견 이름이다.

또 다른 이야기 하나, 2000년 남북 정상회담 때 북에서 선물로 풍산개를 선물로 받았다. 그 풍산개를 청와대에서 진돗개와 경산 삽살개와 함께 키웠다. 풍산개는 남북南北 화합을, 진돗개와 삽살개는 동서東西 화합을 생각하며 키웠다.

그러다가 청와대를 떠날 때 풍산개를 "일반에 공개하라."고 지시하여 서울대공원으로 보냈고, 진돗개와 삽살개는 노무현 대통령에게 인계하였다. 노 대통령은 넘겨받은 '대통령 애완견'을 키워보려고 했지만, 이들은 새 대통령을 따르지 않고 서먹서먹하게 대했다. 시도 때도 없이 짖어댔다.

노 대통령은 고민 끝에 이들 애완견을 서울대공원으로 보냈다. 퇴임 후 고향인 봉하마을로 내려가서 진돗개 '누리'와 '마루'를 다시 키웠다. 친환경 농사법을 실행하려고 오리와도 친하게 지냈다. 한나라당이 새누리당으로 당의 이름을 바꾸자 네티즌들이 놀려댔다.

"한나라당이 노무현 전 대통령 애완견 '누리'가 되었네."

애완견은 국제간의 외교 촉매제로도 이용된다. 일본은 러시아 푸틴 대통령에게 '쿠릴열도' 반환 협상을 잘 해보자며 아키타 지방의 특산 동물인 토종개를 선물했다. 푸틴의 애완동물 사랑은 일반 사람들의 상상을 초월한다. 2010년 불가리아가 선물한 강아지부터 염소, 조랑말까지 키우는 동물 애호가다.

이명박 대통령은 2008년 첫 미국 방문 때 부시 대통령이 아끼는 애완견을 위해 개목걸이와 인조 뼈다귀를 선물했다. 부시 대통령은 애완견이 살찌자 백악관 참모들에게 "간식을 주지 말라."면서 참모들로부터 "개에게 과자를 주지 않겠다."는 서약서까지 받은 것으로 유명하다.

애완견은 문학작품에도 자주 등장한다. 그 대표적인 경우가 미국의 소설가 애드거 앨런 포의 〈검은 고양이〉라는 단편소설이다. 주인공이 정신이상에 걸려 애지중지 기르던 고양이 '플루토'의 눈동자를 빼고 목을 매달아 죽였다. 그런데 몇 달 뒤에 죽은 고양이를 똑 닮은 검은 고양이가 들어왔는데 애꾸눈이다. 그 고양이가 너무 싫어서 죽이려고 하자 아내가 말렸다. 고양이를 죽인다는 것이 잘못되어 아내를 살해한다는 끔찍한 괴기 소설이다.

애완견을 기르던 사람들은 그 애완견이 죽으면, 사람처럼 장례를 치르고 땅에 묻어 준다.

Point

세상에는 수많은 동물이 있다. 그 많고 많은 동물 가운데 자기가 좋아서 기르는 동물이 있는데, 이를 동양에서는 애완愛玩 동물이라고 하고, 서양에서는 펫pet이라고 한다.

애완동물의 종류는 강아지, 고양이, 작은 새들, 금붕어, 비단잉어 등 다양하다. 최근에는 뱀과 같은 이상한 동물을 키우는 동물 애호가들이 늘어나고 있다.

애완동물을 기르는 이유는 사람마다 다르지만, 대개 자태가 아름다워서, 몸짓이 귀여워서, 지저귐이 예뻐서 등의 이유를 댄다.

위기관리의 거인

01 위기의 조국을 구하는 길

"저의 목표는 단지 하나입니다. 위기의 조국을 구하는 것입니다."

이 말은 국회의원 시절에 미국 하버드대학교로부터 초청을 받고 하버드대학교 연단에서 한 말이다. 그로부터 5년 뒤에 '한미 FTA 체결' 문제와 관련된 연설에서도 하버드 졸업생 3명의 이름을 거론하고 '우리 당의 소중한 보배'라고 소개했다. 당의 소중한 보배라고 소개한 3명은 곧 박진, 권영세, 박재완 세 사람이다.

그들은 그때나 지금이나 보배로운 존재임이 틀림없는지 모른다. 국회의원으로, 장관으로 큰 활동을 했으니 그들의 가치는 지금 크게 높아진 것이다.

하지만 그 보배를 이야기한 사람은 엄청 바뀌어서 지금 대한민국 여성 대통령이 되어 나라를 다스리고 있다.

대한민국은 여전히 위기를 벗어나지 못하고 있다. 국회는 자격 시비로, 방송은 파업으로 시끄럽다. 연령, 계층, 직업, 지역별로 저마다 생각이 다른 집단들에 의해 이리 찢어지고 저리 갈라지고, 국론은 아침저녁으로 야단법석을 떤다.

나라 전체가 각자의 지분만 주장하는 세력들에게 휘둘려서 미래를 향한 시대정신은 빛을 잃어가고, 발전을 향한 힘은 그 뿌리에 좀벌레가 달라붙으려는 형국이라고 아우성들이다. 그래서 현재는 통합이 안 되는 분열의 시대라고 떠들어 댈 뿐이다.

하지만 어느 누구도 바로 잡으려는 노력을 하지 않고 뒷전에서 이러쿵저러쿵 불평불만만 늘어놓고 있다. 이제 새 기풍으로 나라 정신을 바로 세워서 잃어버린 세월, 실정의 세월을 바로 잡아 일으켜야만 할 때가 왔다. 여성 대통령이 지금 그 중심에 섰다.

국회의원 14년 세월은 자숙하고 연마하며, 인내하는 세월이었다. 그 세월 동안 고난과 시련을 헤쳐 나올 때보다 더 혹독한 인내를 요구받고 이를 극복하는데 온몸을 바쳤다.

의젓한 빌딩에 걸었던 당의 간판을 뽑아들고 강바람이 몰아치는 한강 변에 천막을 치고 정치적 생명을 이어갔다. 예리한 칼에 얼굴이 찢어지는 치명적인 테러에서도 살아남았다.

당의 이름과 색깔을 바꾸면서까지 다 쓰러져 가는 당을 벼랑에서

구해 냈다. 선거 때만 되면 은밀하게 배신을 꿈꾸며 흠집을 찾는 그룹이 나타난다는 것을 늘 염두에 두면서 철저한 원칙주의자로 정치인의 길을 꿋꿋하게 걸어왔다. 믿었던 당내 경선에서 패했던 2007년의 아픔을 간직한 채, 비당권파가 집요하게 요구하는 경선 규정 시비에 무척 시달리면서도 옹골차게 헤쳐 나왔다.

한쪽에서는 출신 성분과 정치적 이념이 반대인 혼성 부대들이 진을 치고 험담을 연신 퍼부어 댔다. 온갖 헛소문을 교묘하게 만들어 퍼뜨리면서 헐뜯었다. 험난하기 이를 데 없는 정치의 길을 뚜벅뚜벅 걸으면서 고독한 싸움을 계속한 끝에 대통령이 된 것이다.

이제는 정치적 정적보다는 국민의 눈총이 더 무서움을 느끼면서, "나뭇가지만 보지 말고 숲을 보라."는 격언을 실천하고 있다. 국가의 미래, 국민이 행복한 희망의 새 시대를 향해 큰 걸음을 걸어가고 있다. 선거 시즌마다 쏟아진 '박근혜 때리기'는 이제 의미가 없다. '박근혜 관찰기'는 다 벗겨졌고 속살이 훤히 드러났기 때문이다.

"학문을 발전시켜 자자손손에게 영원히 전해 주며, 장차 교회가 학문을 배우지 못한 목사에게 맡겨지는 일이 없도록 해야 한다."

하버드대학교Harvard University 교문에 새겨 놓은 글이다.

미국 매사추세츠 주 케임브리지 시 찰스 강변 옆에 있는 세계적인 사립대학교가 하버드대학교이다. 영국에서 건너간 청교도들이 여기에 도착한 지 17년째 되던 해인 1636년에 세웠다. 하버드라는 이름은 최초의 설립자인 J. 하버드의 이름에서 따온 것이다.

'가장 역사가 오래고, 가장 풍요롭고, 가장 자유로운 학문의 전당'임을 내세워 국제적인 대학교로 명성을 떨치고 있다.

애덤스, 루스벨트, 케네디, 오바마 등 여러 명의 미국 대통령을 배출하였으며, 수많은 졸업생이 각계각층에서 지도자로 활동한다.

02 미래로 날아가는 불사조

"제 아무리 날개가 크고 튼튼하다 해도 하늘을 바로 보지 않고서는 날아갈 수 없다."

한 주먹도 안 되는 작은 새들도 넓고 넓은 하늘을 곧잘 날아다닌다. 뚫어져라 바라봐도 시야가 좁다면 세상 돌아가는 흐름을 제대로 읽을 수 없다.

미래를 바라보고 미래로 날아가는 길을 힘차게 열러 가는 여성 대통령의 리더십에 쉼표는 없다. 지속적인 여권 신장과 깨어 있는 의식으로 줄기차게 달려온 열기가 한여름의 태양처럼 뜨겁기 때문이다.

핍박의 세월 속에 할퀴고 때림을 수없이 당하면서도 불사조처럼 일어섰다. 그래서 시련을 딛고 일어설 수 있는 준비된 힘이 있다.

이제는 여풍당당하게 한 걸음 한 걸음 행보를 옮기고 있는 여성 대통령의 통치력에 국민의 관심이 쏠려 있다.

박근혜 대통령은 한때 사회적인 이슈가 되었던 '나꼼수'의 무풍지대 열풍, 일부 세력과의 끝없는 때리기 싸움과 상투적 전략, 서울시장 선거 때의 네거티브, 불 뿜던 4·11 국회의원 선거, 안철수의 위력적인 폭발력과 문재인과의 피 말리는 대선전 등 참으로 숨 가쁘게 전개되었던 그 격돌 속에서 위기관리의 리더십을 절묘하게 발휘하고 승리를 거두었다. 숨 돌릴 틈도 없이 몰아친 대한민국 정치 현실을 모두 슬기롭게 극복하며 통치권을 거머쥔 것은 모두가 축적된 선거 여왕의 힘에서 나온 놀라운 위력이다.

이야기꾼들은 지난 대통령 선거 때의 강력한 후보 3명에 대해, 박근혜는 '길', 문재인은 '문門', 안철수는 '답答'이라는 말을 해 관심을 끌었다. 그런데 그 '길' 앞에는 적어도 '문'과 '답'이라는 두 가지 관문이 있다는 점이다. 그런 평가는 대선 출마 연설문과 국민과의 약속을 밝힌 선언문, 그리고 그들의 입을 통해 세상에 나온 단어 네트워크를 종합 분석한 결과, 바로 '문답'으로 나타났다고 분석했다.

이에 대한 정치학자들의 분석 골자는 이렇다.

"박근혜는 연설문에서 총 870개의 단어를 통해 국민에게 새로운

'길'을 제시하였고, 그 길을 국민, 국가, 당원들과 함께 걸어가자고 호소했다. 그래서 더 많은 지지층을 확보하면서 국민과의 하나를 강조하는데 힘썼다."

"문재인은 연설문에서 세 사람 중 가장 많은 1,427개의 단어를 사용하면서 시대와 변화의 '문門'을 열자고 호소했다. 김대중과 노무현 전 대통령을 자주 언급함으로써 두 전직 대통령 그늘 속으로 들어가면서 자신의 현주소를 분명히 했다."

문재인의 연설은 시대, 문門, 변화라는 세 개의 키워드가 삼각 축을 이루었다. 국민, 존경이라는 말을 연결시키면 시대 변화의 문을 열고 국민을 존경하는 대통령이 되겠다는 메시지가 된다. 그러나 정책 키워드인 일자리, 복지, 성장과 핵심 키워드인 시대와 변화 사이의 연결은 거의 없고, 정책과 긴밀하게 연결시키지는 못했다는 것이다.

"안철수는 새 정치의 '답答'을 주겠다고 밝혔다. 미래 통합 등 추상적 말을 통해 새 정치를 강조했지만, 그 방향이 아리송하고 내용은 미지수였으며 진로 역시 불명확했다."

안철수는 연설문에서 892개의 낱말을 쓰면서 정치, 국민, 선거라는 말을 가장 즐겨 사용했다. 선거 과정을 통해 국민의 생각과 힘으로 정치를 바꾸고 문제를 해결하겠다는 메시지라는 것이다. 하지만 정치가 무엇인지는 뚜렷하게 밝히지 못했다. 미래, 통합, 분열 등 추상적인 용어들만 연결하고 정치를 강조했지만 국민을 설득하는 데는 부족했다.

박근혜의 연설문 단어 네트워크를 좀 더 살펴보면, 최대 키워드는 '국민'이었다. 세 사람 가운데 가장 적은 단어를 쓰면서 국민을 국가 및 당원 동지라는 말과 함께 자주 사용했다. 국민과 국가, 당원을 연계시킴으로써 지지층과 국민을 일체화하려고 한 것이다. 자기 자신을 당원 → 국민 → 국가로 연결하면서 나와 국민을 동일하게 여기는 화법을 사용하여 관심을 끌었다. 그러다 보니 자유민주 국가주의의 색채가 강하다는 인상을 주었다.

또 다른 키워드는 '경제'였다. 산업, 성장, 일자리, 복지, 민주 등의 단어와 연결시켰다. 경제 민주화와 일자리 만들기, 성장을 포괄적으로 지향한다는 점을 강조한 것이 분명하다.

결과적으로 박근혜는 직접 지지를 호소하는 방식을, 문재인은 은유적 수사修辭 방식을, 안철수는 쉽고 간단명료한 화법을 주로 사용했다.

박근혜는 비전을 보여주는 한 마디 단어로 '길'을 선택한 반면, 문재인은 '문', 안철수는 '답'이라는 말을 통해 각자 앞으로 나갈 길, 새 시대의 문, 문제의 답을 제시했다는 것이다.

　　세계의 대통령 가운데 가장 간결하고도 감동적인 연설을 한 사람은 미국 제16대 대통령 아브라함 링컨이다.

　　남북전쟁(1861~1865년)이 한창이던 1863년 11월 19일, 최대 격전지 게티즈버그를 방문하고 "국민의, 국민에 의한, 국민을 위한 정치" 역사적인 연설을 하였다.

　　링컨 대통령은 1863년 1월 1일 흑인 노예해방을 선포하였으며, 1864년 11월 8일 대통령에 재선되었다.

　　하지만 링컨은 1865년 4월 14일 밤 워싱턴 포드 극장에서 연극을 관람하던 중에 남부 출신의 광신적 배우인 J. W 부스의 총탄을 맞고 이튿날 아침 56세로 세상을 떠났다.

03 새로운 실험

"국회의원 시절과 대통령 시대를 구분하는 새로운 실험이 시작되었다."

정치인들이 보는 시각이다. 그 첫 무대가 국무총리 지명에 관한 일이었다. 최초의 여성 대통령이 사상 첫 장애인 국무총리를 지명했던 사실은 큰 파장을 일으켰다. 김용준 국무총리 후보 인사는 100%의 철통 보안 인사의 매서운 리더십을 보여준 사례이다.

국무총리 후보 인사에서 모두 놀랐다. 냉철한 판단력과 투철한 리더십을 지닌 인물로서 통합을 이끌어 낼 총리가 될 것이라는 기대를 거는 반면, 장애인이라는 육체적 결함을 넘어 행정부의 막중한 나랏일을 감당하기에는 건강상 무리가 따르지 않겠느냐는 시각이 맞섰기 때문이다.

그러나 재산 문제, 두 아들의 병역 문제 등 일련의 불미스러운 일들이 연속 제기되면서 드디어 본인 스스로 인사 청문회가 열리기 전에 자진 사퇴하는 사태로 매듭지어졌다.

"철통 보안, 조용한 리더십도 좋지만, 민주적 태도는 아니다."라는 지적과 함께 "검증을 강화하라"는 요구가 빗발쳤다.

정치인 시절의 성공에 사로잡히지 말고, 국정을 책임지는 대통령으로서의 새로운 통치 리더십을 확립하라는 주문이 쏟아졌다. 정책에 대한 비판을 자신에게 맞서는 것으로 받아들여서는 안 된다는 지적이다. 이러한 관점으로는 국정을 성공으로 이끌기 어렵다는 걱정스러운 말이다.

이제는 대통령으로서의 위치와 입장에서 더 넓고 큰 통치의 리더십을 발휘해야 한다는 것이다. 자신이 모든 것을 결정한다는 수직적 리더십이 정치인 박근혜의 성공을 이끌어준 열쇠였다고 해도, 이것이 곧 국민을 상대하는 대통령의 리더십이 될 수는 없다는 지적이다.

대통령은 하루빨리 수평형 리더십, 네트워크형 리더십을 보여야 한다고 주문하는 사람들이 많다. 이를 위해서는 지금의 조용하고 철통 같은 리더십의 방향을 일부 조정할 필요가 있다고 말한다.

본래 민주주의는 말이 많고 의견들이 다양해 시끄럽다. 그런 것들을 끌어안고 달래면서 조화를 통해 서로 다른 생각들을 조정해 나가는 것이 통치의 리더십이다.

정치권에서는 대통령의 통치 스타일이 앞으로도 크게 변화하거나 쉽게 고쳐지지는 않을 것이라고 우려하는 견해도 있다. 정치인이 된 뒤 자신만의 방식으로 위기를 헤쳐 나온 대통령은 앞으로도 자기 방식의 철통 보안 인식에서 완전히 벗어나기가 어려울 것이라고 보기 때문이다.

정치를 시작하면서 겪은 수많은 위기를 오직 혼자의 생각과 힘으로 이겨내면서 특수한 리더십을 키워온 탓도 가볍게 여기거나 무시할 수 없다. 그래서 정치권에서는 이런 말을 한다.

"정치인 박근혜와 대통령 박근혜의 싸움이 새 정부의 성공 여부를 가리는 잣대가 될 것이다."

대통령에 대한 비판의 골자는 의사결정 과정이 지나치게 엄격하고도 닫혀 있다는 것이다.

모든 것을 혼자 결정한다는 태도는 이해관계가 복잡한 국민들을 상대로 하는 대통령의 국정운영 방식으로는 맞지 않다는 이야기이다. 대통령은 열린 마음으로 통치해야 한다는 말이다.

박근혜 대통령은 과거 한나라당과 현재의 새누리당으로 이어지는 여권의 위기 때마다 혈혈단신으로 그 한복판에 우뚝 서서 당을 이끌면서 수습하고 여러 선거를 승리로 장식하였다.

2004년 노무현 전 대통령 탄핵 역풍을 천막 당사로 이겨냈고, 2006년 '커터칼 테러'까지 당하고도 지방선거를 승리로 마무리하면서 관록을 쌓았다.

2010년 세종시 수정 논란 때에는 이명박 대통령의 집요한 공세에도 불구하고 원안을 지켜냈으며, 한나라당이 무너지기 직전까지 내몰린 상황에서 비상대책위원장을 맡아 당명을 '새누리당'으로 바꾸고 경제민주화 노선을 받아들이며 변화를 내세웠다.

이런 일련의 쇄신책으로 국민의 신임을 얻고 총선과 대선을 승리로 이끌었다. 연속되는 위기를 극복하는 과정에서도 독자적인 의사결정에 대한 비판이 따랐지만 "맡겼으면 결과를 보고 평가하라"고 반박했다. 결과는 성공적이었기에 불만과 비판은 고개를 숙였다.

04 변해야 발전한다

"새로운 시대에 변하지 않으면 퇴보한다."

심리학자들은 사람의 관성이 하루아침에 180도로 변하거나, 전혀 다른 태도를 보인다는 것은 사실 불가능하다고 말한다. 그러나 새로운 시대에 변하지 않으면 발전하기 어렵다는 것은 누구나 알고 있다. 고여 있는 물은 썩고, 흐르는 물 밑에 있는 돌에는 이끼가 끼지 않는다는 것도 알고 있는 사실이다.

위기의 본질에는 그 뿌리가 있다. 더구나 통치자의 리더십이 일방적이거나 한쪽으로 기울어져 있다면, 국민들이 볼 때 불안하게 여기며 가슴 졸이거나 불평불만을 터뜨리게 된다. 그럴 경우 정치가 어지럽고 나라가 정상적으로 돌아가지 않는 어려운 상황이 되기 쉽다.

역대 대통령의 리더십 가운데 가장 큰 문제점은 지나친 자신감이었다고 지적하는 사람들이 많다. 주변에서 조언하면 "내가 알아서 한다.", "그 일은 내가 결정한다.", "내 결정은 언제나 옳다."는 등으로 자신감을 갖고 있었다.

하지만 '알아서 한 일'의 결과가 반드시 옳은 것만은 아니라는 데에 문제가 있다. 알아서 한 일이 실패했을 때는 아무리 변명해도 소용이 없다.

나라의 국정을 운영하는 대통령으로서는 나라 전체의 문제를 큰 틀에서 보면서 물이 흘러가듯 풀어나가야 한다. 나라 전체의 문제를 보다 폭넓게 상의하고 소통하는 자세를 가져야 실수가 줄어든다는 말이다.

나 홀로 스타일은 실패만 되풀이하는 고집의 통치이고, 거꾸로 가는 리더십이며 제왕적 리더십이다. 나 홀로 스타일이 반복되면 될수록 반대편으로 기우는 사람들이 많아진다.

소외는 더욱 심각하다. 상처받은 사람들의 마음을 어루만지고 다독거려 주려는 최소한의 포용력마저 없어진다.

과거 정부는 말로는 국민 대화합을 외쳤지만 막상 드러나는 현실은 그 반대로 막말 인사를 하거나 회전문 인사 또는 끼리끼리의 인사들만 중용하는 꼴이었다.

역대 대통령의 리더십 결점은 대통령이 된 뒤로는 국민과의 소통이 부족했다는 점이다. 리더십의 문제점이 거론된 것은 어제오늘의 일은 아니다. 그런데도 개선은커녕 날이 갈수록 더욱 굳어지고 심해지는 모습을 보여 왔다.

왜 그럴까. 국민의 그런 지적을 대통령이 인정하지 않았기 때문이다. 어려움을 풀어나가는 지혜는 여러 계층의 사람들 이야기를 경청하고 다 함께 의논하면서 걱정하고 결단하는 데 있다.

지금 대통령은 역대 대통령들의 그런 결점을 따라가지 않으려는 노력을 기울이고 있다고 전해진다.

정치권의 한 인사가 지적한 이야기는 "수직적이고 막혀 있는 권위주의적인 리더십의 모습이 남아 있다. 노무현 전 대통령은 분열과 분노, 배제의 정치로 국민 통합의 정치를 하지 않았으며, 이명박 대통령은 국민 통합의 가장 중요한 원칙인 공공성을 위한 정치보다는 사사로운 이익을 위한 정치를 했다."고 꼬집었다.

모두가 새겨들어야 할 대목이다. '입단속'의 '철통 보안' 지시 아래서는 후유증과 부작용이 커질 수밖에 없다. 그렇다고 꿀 먹은 벙어리가 되듯 입을 아예 봉해 버릴 수는 없다.

대통령 리더십 가운데 가장 큰 걸림돌은 불통과 밀봉, 그리고 비밀주의라고들 말한다. 좋은 약은 입에 쓰고, 쓴소리는 좋은 보약이라는 말이 있다.

박근혜 대통령은 산전수전 다 겪으며 대통령으로 오르기까지 파란만장의 세월을 보냈다. 청렴하고 강직함은 아버지 유전자DNA를 받았고, 너그러움과 포용력, 겸양의 미덕은 어머니 심성을 물려받았다.

그러나 이런 잣대도 세월 따라 변하고 있는데, 고칠 것을 고치지 않는다면 고집불통이라는 지적을 면할 수 없게 될 것이다. 유아독존唯我獨尊적 권위주의가 더욱 굳어지기 전에 고치고 버리고 새롭게 변화하는 것이 성공하는 대통령의 지름길이다.

고집경향固執傾向이라는 말이 있다. 사람은 누구에게나 고집스러운 성미가 있는데, 자기 의견을 굳게 지키려는 습성 때문이다.

고집경향은 한 번 익히고 습득한 것은 일정 기간 동안 또는 그 이상의 기간을 그대로 간직하게 된다는 심리학적 용어이다, 배운 것, 학습한 것을 그대로 간직한다는 뜻이다.

그렇다고 고집경향은 어디서나 그대로 일뿐 절대로 움직이거나 변할 수 없다는 것은 결코 아니다.

일단 학습에 의해 정착된 것이라 해도 또 다른 환경에서 제2의 학습이나 경험을 하게 되면, 먼저의 학습에 의해 정착된 고집경향은 쉽게 바뀌거나 무너질 수 있다는 이론이다.

05 새 정부로 가는 우편물

"새로운 시대를 열어가는 여성 대통령님, 집권 초기 기초가 매우 중요합니다. 국민들은 당신을 믿습니다. 힘내세요!"

"잃어버렸던 세월, 실정의 세월 속에 뿌리 박힌 부패만 몰아내도 성공합니다."

"5년 안에 모든 걸 끝내려고 하지 마세요! 모두 성실하게 일하는 나라로 만들어야 합니다."

"공정한 법치로 나라의 근본을 흔드는 세력들의 불법과 반칙을 막아 주세요."

빨간 우체통에는 여성 대통령에게 보내는 우편물들이 가득 담긴다. 절대 과반수 지지를 얻은 대통령의 탄생을 축하하고 새로운 정치를 하라는 격려 내용들이 쌓이는 것이다.

우리나라 대통령은 전체 유권자의 단순 다수의 지지를 얻는 후보가 대통령으로 선출된다. 때문에 과반수 득표를 얻지 못해도 대통령으로 당선되었다. 역대 대통령들의 평균 득표율은 45% 안팎이었다.

제17대 대통령 선거에서 이명박 대통령은 야당 후보보다 531만 표를 더 많이 얻었지만 전체 유권자의 과반수에는 못 미쳤다. 그로 인해서 야당으로부터 늘 시달렸다.

프랑스 정치 사상가 루소는 《사회계약론》이라는 그의 책을 통해 "국가 지도자의 선출은 민주적 방법에 의해 주권자인 국민 개개인의 찬성을 전부 얻어 만장일치로 선출하기는 사실상 불가능하다." 라고 보았다. 따라서 "국민 과반수+1 이상의 찬성 의사를 보유해야 국민 전체의 대표성을 갖는다."고 밝혔다.

그러나 우리나라 정당들은 그간 단순 다수제로 대통령을 뽑고 그렇게 당선된 후보가 대통령에 취임하여 왔다. 그것은 정권을 잡기 위한 가장 간단하고 쉬운 방법이기 때문이다.

소수 지지의 대통령은 선거 결과에 승복하지 않는 세력들로부터 정통성 시비에 항상 휘말렸다. 선거에 지고도 승복하지 않는 '정신적 대통령' 이 나오는 경우도 있었다. 그런가 하면 선거에서 패배한 편에서는 당선된 대통령의 권위를 인정하려 들지 않으려는 경향이 있었다.

대통령들은 소수 지지의 약점을 나름대로 보완해보려고 힘을 쏟기도 했다. 그런 일을 정치와 관련도 없는 이벤트로 보여주었다.

지금 대통령은 다르다. 절대 과반수를 넘어선 51.6% 지지율로 당선되었기 때문에, 집권과 동시에 정권 안정과 정권 정통화의 기반은 이미 마련된 셈이다.

언론들도 선거에서 대통령을 지지하지 않은 48.4%의 국민을 끌어안아 주는 데 큰 비중을 두고 통치하여야 한다고 주문하고 있다. 당연한 지적이고 올바른 주문이다.

중요한 것은 과반수 지지가 갖는 정치적 의미를 정확히 알고 이해하면서, 지지하지 않은 사람들의 마음도 제대로 파악해야 집권 기초의 안정을 이루고 성공하는 정부로 달려갈 수 있다는 것이다.

제18대 대통령 선거는 이명박 정부의 실정이 크게 겹쳐 정권이 바뀌기를 희망하는 여론이 매우 높은 상황에서 전개되었다. 이 결과 처음부터 대세론을 타고 선두 주자로 떠올랐던 박근혜 후보와 야당 후보 간의 지지율 격차는 선거일이 가까워질수록 더욱 좁혀졌고, 종반전에 이르러서는 누가 승리할 것인지 모를 정도로 숨 가쁘게 돌아갔다.

이러한 상황에서 젊은 세대와 기성세대 간에 안보의식 차이와 갈등이 크게 대립되었다. 대통령 당선자에 따라서 대한민국의 안보와 자유 민주주의 체제가 흔들릴 수도 있다는 위기감마저 나돌았다.

제2차 세계대전 이후 가장 가난했던 나라에서 잘사는 나라로 발전한 한국 현대사의 내력을 바로 아는 세대들이, 그런 사실을 잘 모르는 젊은 세대들의 시대정신을 걱정하기 시작했다. 침묵하고 있던 많은 사람들이 "생각하는 국민이 되어야 산다."라며 행동하는 다수, 투표하는 다수로 일어서서 여성 대통령을 만든 것이다.

그렇게 탄생한 '박근혜 정부'는 더는 소수파 정부가 아니다. 정치 이벤트로 소수 지지자를 달래던 과거 정부처럼 이벤트를 꾸밀 필요도 없어졌다. 국민에게 약속한 국가 안보에 대한 책임을 지면서 경제난을 극복하고 나라의 위상을 드높이는 일에 열정을 쏟으면 된다.

지금 그런 열망을 담은 우편물이 지금 빨간 우체통을 통해 청와대로 속속 들어가고 있다.

　　빨간 우체통은 언제부터 이용했을까? 근대 우편 제도는 1840년 영국에서 먼저 시행되었다.

　　고대 우편 제도는 기원전 6세기 중엽에 페르시아 제국에서 시작된 것으로 역사는 전한다. 페르시아 카루스 대왕이 오리엔트 세계를 통일한 뒤 역전驛傳 제도를 정비하여 문서를 보낸 것이 그 시초라고 한다. 역驛은 말, 전傳은 수레를 가리킨다.

　　우리나라는 신라 소지왕 9년인 487년에 처음으로 우편 제도가 실시되었으며, 근대 우편 제도는 1884년에 도입하였다.

　　우표 발행을 먼저 한 나라도 영국인데 1840년에 첫 우표를 만들어 사용하였다.

　　우체국과 우체통은 사람들의 눈에 잘 띄도록 빨간 바탕에 흰색 글씨로 쓰고 있다.

불멸의 리더십

01 닮은꼴 스타일

아버지 박정희 대통령의 인재 등용이 '비망록' 수첩에서 나온 것이라면, 딸 박근혜 대통령의 리더십은 '수첩' 속에 담겨져 있다고 말하는 사람들이 많다. '수첩' 속에 아버지의 정치 유전자가 스며든 것이라고 지적한다. 아버지의 그 비망록 정신을 딸이 물려받았다는 것이다.

그런 말을 하는 사람들은 대부분이 비망록에 자기 이름이 올라 있다가 덕을 보거나 불이익을 당한 사람들이다.

아버지의 비망록에 올랐던 덕분에 그 시절 장관을 지냈다는 한 인사는 제18대 대통령 선거 운동이 한창 치열할 때 박근혜 후보의 스타일에 대해 이렇게 조언했다.

"첫째, 엄청난 경상도 배경을 갖고 있다. 이회창의 경우는 경상

도 지지가 약하지 않았나 싶다. 그래서 한국 정치는 지리학이야.

둘째, 여전히 월남민과 그 후손들의 영향력이 강하다. 이들이 진짜 보수의 원류야. 1당 10이란 말이야.

셋째, 한국 프로테스탄트기독교의 신교도파가 보수다. 이 세 가지만 봐도 우파인 박근혜가 되는 거다."

세 가지 지적 사항은 충분히 공감할 수 있는 분석이다. 그런데 둘째 지적 사항인 월남민의 경우를 보자. 세월은 6·25 전쟁통에 북에서 넘어온 실향민들이 월남 반세기를 훌쩍 넘기면서 1세대의 소멸을 자연스럽게 가져왔다. 이로 인해 실향민의 결속력이 떨어졌고 그 세력마저 약해지고 있지만 아직도 그 여파는 대단하다.

그리고 세 번째 지적 사항인 프로테스탄트는 과연 어떤가. 프로테스탄트라는 말은 종교 개혁의 결과로 일어난 기독교의 여러 계파와 그 뒤에 일어난 같은 계파들을 일컫는다.

즉 기독교의 신교도파가 그들이다. 초기에는 그들의 힘이 막강했다. 그런데 현실은 기독교의 사회적 영향력도 날이 갈수록 그 입지가 좁혀지고 있다는 것이 사실이다.

또 다른 하나는 이승만 대통령 정권 당시 2인자로 이기붕을 지적한 일이 있었다. 이승만 대통령의 양아들이자 이기붕 국회의장의 큰아들인 이강석이 부정 편입학을 했다며 그 대학생들이 시위하면서 동맹 휴학을 벌였다.

그럼에도 불구하고 어느 정권에서나 2인자는 존재했다. 이는 한국 정치사에서는 숙제처럼 전해온다. 앞뒤 어디로도 빠지기 어려운 과제이다.

그런 점에서 박정희 대통령은 뚜렷한 2인자를 용인하지 않았다. 그 시절 2인자를 자처하는 이들은 많았지만, 실제로 2인자는 존재하지 않았다고 보고 있다. 몇몇 사람을 박정희 전 대통령 시대의 2

인자처럼 여겼지만, 진정한 2인자는 아니었다.

마찬가지로 박근혜 대통령도 그렇다. 2인자 역할에 대한 필요성이 제기되고 있으나 현재 2인자로 여겨지는 인물이 없다는 것이다. 그 점이 부녀父女 대통령의 닮은꼴인지 모른다.

이에는 시대적인 흐름을 무시할 수 없다. 지금은 절대 충성보다는 분야별로 전문성이 확보된 사람들을 배치하여 리더십이 실질적인 힘을 갖는 시대가 된 것이다.

이승만, 박정희 시대에 비해 대통령 역할이 많이 축소된 상황도 2인자의 필요성을 떨어뜨렸다는 말이다. 절대 권한의 대통령 밑에서는 2인자의 존재 가치가 빛을 잃고 있는 게 분명하다. 존재 가치도 없고 또 실현될 수도 없는 구조로 바뀐 탓이다.

새로운 시대를 다스리고 있는 여성 대통령이 보여줄 통치의 리더십은 그만큼 기대와 잡음이 따를 수밖에 없다는 것도 하나의 운명인지 모른다.

통치의 리더십은 절대 권력자의 손에서 나온다고 한다. 권력을 위임받은 통치자가 권력을 도맡아 다스리기 때문이다. 그러나 지나친 권력을 행사하는 통치 리더십은 반항을 불러들이기 쉽다.

17세기 때 영국의 정치사상가 J. 로크는 《통치이론》이라는 책을 통해 법의 지배력과 실제의 모순, 그리고 의회민주주의 근대적 원리를 밝혔다. 권력을 마구 휘두르면 명예혁명을 일으켜도 좋다는 시민 혁명권을 시인하였다.

이는 뒷날 미국의 독립선언과 프랑스의 인권선언에 큰 영향을 미치는 결과로 이어졌다.

02 불타는 신념

　박근혜 대통령은 불타는 신념을 지닌 여성이다. 또한, 매우 특이한 인생 경험을 가진 여성이기도 하다. 대통령의 딸로서 부귀영화를 누려서 그런 것이 아니고, 호화스러운 삶을 살아온 것도 아니다.

　아버지와 어머니가 모두 총탄을 맞고 쓰러져 세상을 떠났다. 임종을 지켜본 것도 아니고, 유언 한마디도 듣지 못한 채 부모를 여의고 살아왔다. 대통령의 큰딸로서 18년간 청와대에서 생활했다. 부모를 잃고 청와대를 떠난 뒤, 두 동생을 거느리고 '독재자의 딸'이라는 지탄을 받으며 고통을 삼켜왔다.

　그리고 미혼으로 대통령에 당선되어 청와대의 주인이 되었다. 환갑을 맞은 해 연말에 대한민국 대통령에 당선되고 새해 2월, 생일 달에 취임하여 통치의 리더십을 발휘하기 시작했다. 이러한 경험은 영국의 대처 수상이나 독일의 메르켈 수상의 삶 속에서는 상상도 할 수 없는 것이다. 직계 가족이 없는 독신 대통령이다. 두 동생은 결혼하여 따로 산다. 그래서 많은 사람들이 걱정하는 권력에 취하는 대통령이 결코 되지 않을 것이라고 믿는다.

대통령 선거 기간 중에 이렇게 강조하였다.

> "나에게는 보살펴 주는 가족도, 재산을 양도할 자식도 없다. 국민을 나의 가족으로 삼고, 가족을 위해 모든 것을 바치는 어머니 마음으로 국민에게 신명을 바치겠다. 그 기회를 달라."

지금 여성 대통령으로서 한 가지 풀어야 할 숙제가 있다. 아버지로부터 배울 수 없는 것, 아니 배우지 못한 것이 하나 있다. 아버지는 대통령 시절에 '육영수' 라는 '제1 야당'을 곁에 두고 있었다. 어머니가 세상을 떠난 뒤, 퍼스트레이디로 아버지를 도와 드렸다. 그러나 지금은 독신이다. 역대 대통령들과 달리 가족으로서 비판적 조언해 줄 사람이 옆에 한 명도 없다는 점이 풀어야 할 숙제다.

대통령직의 중요성을 누구보다 잘 알지만 그 권력의 무상함도 체험하였다. 청와대 권력의 이모저모도 실제로 겪었다. 가장 믿었던 사람의 배신 때문에 아버지가 목숨을 잃는 끔찍한 현장도 생생하게 알고 있다. 그래서 모든 일에 방심하지 않고 항상 경계를 늦추지 말아야 하는 철저한 확인 정신이 몸에 깊숙이 배여 있다.

국회의원 시절에 평양을 방문하여 김정일과 단독 대담을 한 경험도 있다. 남북 대결이 갖는 현실 정치의 의미를 누구보다도 잘 파악하고 돌아왔다.

한국 정치에 미치는 북한의 작동이 무엇이고 북한 공산 체제의 리더십이 어떤 것이라는 것도 잘 알고 있다. 북한이 남한을 겨냥하는 대남공작의 목표도 정확히 꿰뚫어보고 있다.

만일 북한이 도발해 온다면 연평도나 천안함 사건이 났을 때 보였던 우왕좌왕함도 다시는 보여주지 않을 것이다.

아버지가 그렇게도 강조한 유비무환과 반공反共의 통치 철학을 유산으로 물려받았다. 그래서 국가안보와 국민의 안전을 위해 절대 다수의 국민 지지를 등에 업고 통치의 리더십을 마음껏 펼쳐 보일 수 있는 발판이 마련되어 있다.

앞으로 풀어야 할 문제는 대통령의 강한 리더십을 합리적으로 발휘하여 나라의 기강을 바로 잡는 일이다.

박 대통령의 하루

박근혜 대통령은 새벽 4시 30분쯤 관저에서 눈을 뜬다. 각종 보고서와 자료를 읽고 확인하며 인터넷 서핑하고 반대 진영의 독설이 담긴 댓글도 읽는다.

수년간 가사 도우미로 일한 '삼성동 아줌마'가 관저로 출근해 차려주는 아침 식사를 하고 청와대 본관으로 오전 9시 출근한다. 수석회의, 외부 인사 접견 등으로 하루 업무가 빡빡하게 진행된다.

점심은 본관에서 수석들과 하거나 외부 인사들과 하는데 그 대상은 수시로 달라진다. 특별한 일이 없는 한 오후 6시 퇴근하여 관저에서 저녁 식사를 홀로 한다. 관저에 말 붙일 가족은 없다. 밤에도 각종 상황 보고를 챙기고 수석들에게 지침을 내리며 업무가 계속된다.

본관인 집무실과 관저인 숙소는 대통령 전용차로 3~4분 거리. 관저의 가재도구는 삼성동 사저에서 쓰던 가구와 물건들을 거의 옮겨온 것들이다.

03 사명감을 가져라

조건 없이 가볍게 하는 말, 장난처럼 하는 실없는 말이 농담弄談이다. 어디서 나왔는지 알 수 없는 말들이 유행하는 경우가 많다. 그런데도 농담이 진담보다 더 그럴 듯하게 들리는 때가 있다. 왜 그럴까. 우선 재미가 있으니까. 지금 우리들 주변에서는 농담 같은 말들이 떠돈다.

"박정희는 5·16으로, 그의 딸 박근혜는 51.6%로 대통령이 됐다."

"박근혜 대통령은 5년 후 아버지와 함께 또다시 평가를 받을 운명이다."

앞의 말은 5월 16일 "군사쿠데타"을 일으켜 성공하고 권력을 잡은 박정희 대통령의 5·16을 가리키는 말이고, 뒤의 말은 박근혜 후

보가 제18대 대통령 선거에서 역대 대통령 선거 사상 처음으로 과반수를 넘은 51.6%의 지지를 받아 대통령에 당선된 수치를 나타내는 말이다.

그런데 5·16이라는 수치가 우연의 일치인지 몰라도 우리는 5년 후에 그와는 차원이 전혀 다른 숫자의 우연을 맞게 된다. 2017년 11월 14일, 다음 대통령 선거 열기가 한창일 때 박정희 전 대통령의 탄생 100주년을 맞이하기 때문이다.

그때 박정희 탄생 100주년에 맞춰 박정희 대통령에 대한 평가가 다시 새롭게 떠오를 것이 분명하다는 이야기가 벌써 떠돌고 있다.

그러니까 앞으로 5년은 박근혜 대통령의 통치 리더십에 관한 이런 저런 평가가 계속 진행되고, 그 평가가 거의 마무리될 즈음에, 아버지 박정희에 대한 평가도 함께 펼쳐질 것이라는 계산된 이야기다.

그래서 그때에는 아버지와 딸 부녀父女 대통령에 관한 평가가 동시에 이루어질 것이라는 말이다. 아버지와 딸 대통령에 대한 평가가 함께 맞물리는 우연을 맞을 수밖에 없다는 운명, 참으로 묘한 만남의 숫자풀이다.

그래서 지금 대통령은 아버지 못지않은 훌륭한 리더십으로 국민을 위한, 나라를 위한 더 좋은 정치를 해야 한다는 국민들의 요구를 받고 있다.

아버지 박정희와 딸 근혜 사이에는 부녀父女간이라는 혈연적 관계 못지않게 정치적 운명의 연결고리가 필연적으로 물려 있다.

단순히 아버지 박정희 대통령의 대를 잇는 것이 아니라 대한민국을 부흥시키고 발전시켜야 하는 대통령의 통치 리더십이 맞물려 있다. 그런 이유는 지금 대통령의 통치 리더십 속에는 아버지의 통치 철학 유전자가 상당 부분 담겨 있기 때문이다.

특히 아버지가 혁명 초기에 집필한 〈혁명 과업 완수를 위한 지도자의 길〉이라는 글 속에 딸이 미래에 펼칠지 모르는 통치 철학을 일러 주는 대목이 꽤 많다는 것도 새삼스럽게 들려오는 말이다.

30쪽 분량의 글은 혁명에 성공하고 나라를 다스리는 아버지의 솔직한 심정을 고백한 것이지만, 딸에게 주는 교시教示이기도 하다. 아버지가 딸의 마음속을 들여다보면서 쓴 것 같다는 느낌이 드는 글이다. 아마도 이 글을 누구보다 많이 읽고 또 읽었을 인물은 바로 딸 근혜였는지 모른다.

글은 동서양 사상가들의 올바름에 대한 강조로 시작하고, 시대별 지도자의 올바른 목표에 관해 정리한 다음, 현대 민주사회의 지도자는 모든 국민에게 민주적인 자유 평화의 복된 생활을 가져다주기 위해 자신의 모든 능력과 정열을 쏟아 부어야 한다고 강조하고 있다. 그리고 대한민국이 요구하는 지도자의 자격 열 가지를 열거하여 놓았다.

"장차 내 딸이 바로 나의 정치적 딸이 될 것이다."라는 대통령의 신념을 미리 예시하는 것과도 같다. 글의 골자는 이렇다.

소크라테스도 공정公正, 즉 하늘을 우러러 부끄러움이 없는 공명정대를 그 위대한 철학의 밑바탕으로 삼았다. 동양의 공자 맹자의 유교 철학 역시 그 가장 깊은 근거는 무엇보다도 정正에 있으며, 노자 장자의 도학 역시 그의 대무大無라는 철학적 낱말 속에 인간 생활의 공公과 정正, 즉 올바름을 부르짖고 있다.

대한민국이 요구하는 지도자의 자격 열 가지를 열거한다.

첫째, 사적 이기심을 버리고 공적 애국심에 기초하여 국민을 동지로 생각해야 한다.

둘째, 정확한 판단과 해결 능력이다.

셋째, 현재는 물론 미래에 닥쳐올 일을 예측하고 적절한 대책을 세울 수 있는 선견지명이 있어야 한다.

넷째, 원칙에 충실한 양심적인 인물이 돼야 한다.

다섯째, 용단과 결단성, 강력한 감수성을 갖추어야 하고, 이런 강한 감수성이 국민에게 빨리 전달되어야만 어려운 일들을 극복할 수 있다.

여섯째, 민주주의에 대한 신념을 갖춰야 한다.

일곱째, 목표에 대한 강한 신념을 가져야 한다,

여덟째, 지도자들은 국민을 위해 다 함께 단결해야 한다.

아홉째, 주어진 일, 맡은 일에는 성의와 정열을 쏟아야 한다.

열째, 모든 일에 신뢰감을 갖고 믿음을 주어야 한다.

대한민국이 요구하는 지도자의 자격 열 가지 항목은 박정희 대통령이 산업화와 민주화에 따른 공과功過를 보여주기 훨씬 이전에 밝혀놓은 다짐이라는 점에서 매우 중요한 의미를 품고 있다. 그 가운

데 여러 부분이 '박근혜 시대'를 예고하고 미리 일러주는 교시教示
가 되었으리라는 점을 미루어 생각할 수 있지 않을까.

Point

　　지금 '박근혜 시대'라는 말이 새롭게 다가오고 있다.
소신 정치, 곧 믿음을 주는 정치, 국민과 함께 하는 정치를 강조
하고, '국회 존중'이라는 기본 원칙을 밝혔기 때문이다.

　　더욱 밝은 미래를 향해 정부와 국회가 함께 나가야 하고 서로
존중하면서 협조해야 할 것이라고 주문하고 있다.

　　이는 정부와 국회가 나라 발전과 국민의 생활 안정을 위해 협
력해서 일해야 한다는 것을 다짐하는 통치의 리더십이다.

　　'박근혜 정부'는 정부와 국회가 서로의 길만 주장할 것이 아
니라 서로 함께 가야 하는 협동 상생의 운명체라는 생각이다.

　　그래야만 나라가 안정되고 발전하며 국민들이 행복을 느낄
수 있는 복지국가로 거듭날 수 있다는 것이다.

04 생각을 바꿔라

　'박근혜 정부'는 중산층이 넓어질 때 나라가 안정된다고 보고 있다. 중산층 비율을 70%까지 끌어올린다는 방침 아래 '세상을 바꾸는 약속, 책임 있는 변화'를 추진하고 있다. 생각을 바꾸면 이뤄낼 수 있다고 자신한다.

　국가와 사회 여러 분야를 아우르는 200여 가지 공약을 '국민행복 약속'이라는 큰 프로젝트 안에 담아 놓았다. 이를 크게 보면, 다음과 같다.

　'나의 행복', '우리의 꿈', '세계 속의 대한민국'이라는 세 갈래로 구성됐다.

　나의 행복 부분엔 아동과 청소년, 청년, 중장년, 노인, 여성, 비정규직, 장애인, 중소기업, 소상공인, 농어민 등 모든 계층별 공약이

포함되어 있다.

우리의 꿈에는 경제민주화를 우선으로 금융, 일자리, 주택, 교육, 치안, 정보통신 등 경제 분야가 골고루 들어 있다.

세계 속의 대한민국에는 외교, 통일, 국방, 정치 쇄신, 검찰 개혁, 국민 대통합 문제들을 담아 놓았다.

그러나 공약을 실행하려는 의지가 중요하다. 아무리 좋은 공약이라 해도 실현 가능성이 없다면 국민들이 외면할 수밖에 없다. 신뢰의 정치는 작은 것 하나하나부터 착실하게 실천하는 것으로 시작될 때 싹이 트고 좋은 열매를 맺게 된다.

공약을 세울 때 그 정책이 국가 발전과 국민 생활에 얼마나 도움이 될 것인가를 하나하나 꼼꼼하게 생각하고 검토하며 치열하게 토론하면서 공약으로 만들었다고 한다.

특히 국민이 빚, 집, 교육, 일자리 걱정으로부터 벗어나게 하고, 무너진 중산층을 다시 일으켜 세워서 중산층이 70%에 이르는 사회를 만드는 것에 초점을 맞추고 정책을 펴 나아갈 것이라고 '박근혜 정부'는 설명했다.

초등학교를 온종일 돌봄 학교로 운영하고, 공교육 정상화와 교육비 부담을 덜어주기 위해서 고교까지 무상교육을 시행하고, 선행학습을 유발시키는 시험을 금지하고, 신규 교사 채용을 확대한다.

소득이 낮은 국민들을 지원하는 맞춤형 국가 장학금 제도로 대학 등록금 부담을 줄여주고, 수능 위주로 대학 입시 제도를 단순화하며 수능·논술시험을 교과서 중심으로 출제한다. 이처럼 여러 가지 사항을 혁신 공약에 포함시켰다.

이런 공약의 기조는 새로운 시대, 세상을 바꿔서 국민이 행복함을 느끼면서 살도록 이끌겠다는 대통령의 강한 리더십을 보여주겠다는 의지를 중심으로 한 것이다.

대통령의 '약속'은 하나같이 각별한 의미가 담겨 있다. 후보 시절에 펴낸 선거 공약집의 제목이 '세상을 바꾸는 약속'이다. 약속에 대한 강조는 정치, 사회, 경제, 복지 등 국내 정책에만 머물지 않는다. 그러나 정치평론가들은 그 많은 공약들을 한꺼번에 다 지키려 하지 말고, 순위를 가려 하나씩 시행하라고 주문한다.

대통령 자신의 외교 정책을 '신뢰 외교'라고 이름 붙였고, 북한 문제 해법으로는 '한반도 신뢰 프로세스'라는 말을 내걸었다. 외교 정책도 서로가 약속을 지키며 신뢰를 쌓아가는 틀 위에서 풀어나가겠다는 강력한 의지를 담아 놓았다.

대통령은 정치에 첫발을 디딘 이후 줄곧 약속, 신뢰, 원칙이란 말을 강조해왔다. 그 결과 '약속을 지키는 정치인'이란 인상을 국민에게 심어주는 데 성공했다.

표를 주지 않은 사람들조차 이 부분에 대해서는 공감하고 있다. 이것은 박근혜 대통령의 특징이자 가장 큰 정치적 자산이며 브랜드이기도 하다.

더구나 대통령 선거 공약에 대해서는 약속에 대한 의지가 더욱 철저하다.

"지키지 못할 공약은 하지 않겠다."

이렇게 강조했기 때문이다. 국민에게 한 약속 가운데 대표적인 것이 대통령 선거 때의 공약이다. 정치, 국방, 복지, 교육 분야 등이 바로 그런 것들이다.

이 공약들을 대통령 임기 5년 동안에 이행하는 데 들어갈 돈은 무려 135조 원에 이를 것이라고 한다. "그 돈을 어디서 마련한다는 것인가?"라고 많은 사람들이 의문을 내놓았지만, "재원 대책 등 현실성을 꼼꼼히 따져본 뒤에 내놓은 공약들"이라고 밝혔다. 이 말은 크게 걱정하지 않아도 좋다는 메시지이다.

Point

공약公約은 선거 때에 후보자가 자신의 정책에 관하여 공개적 장소에서 국민을 향해 밝히는 약속으로서 국가, 사회, 국민에 대한 언약을 말한다.

따라서 투표권을 가진 국민은 그 공약을 근거로 후보자를 선택하고 투표장에 나아가 표를 던진다. 그러므로 거짓 공약을 하는 후보는 국민의 지지를 얻을 수 없다.

정치적으로 볼 때 소속 정당의 이름을 걸고 후보자로 나선 사람이 밝힌 공약은 후보의 입을 통해 발표되었다 해도 소속 정당의 공약이라 당선 후에는 반드시 지켜야 한다는 책임이 따른다.

05 세상을 바꾸는 약속

박근혜 대통령의 공약집은 엄청난 위력을 나타냈다. 대통령 선거 때는 선거 공약집이라 하여 대수롭지 여기거나 공약에 무관심했던 관가官街에서 대통령 취임 준비 기간에 여기저기서 '박근혜 공약집'을 읽고 또 읽는 사람들의 열기가 넘쳐흐르면서 이상한 바람이 불었다.

"박근혜 공약집은 정치권과 관청에서 거의 성경聖經처럼 읽고 있는 필독서다."

"정부 각 부처들이 대통령의 공약집을 못 구해 야단들이다."

"정부 주요 기관들이 자기들과 관련된 대목을 복사하여 탐색하느라 정신없다."

참으로 이상한 일이다. 과거 대통령들을 보면 정도의 차이는 있지만 선거용 공약과 취임 이후의 국정과제들이 다른 경우가 더 많았다. 1987년 대선 때 나온 중간평가 공약, 1997년의 내각제 개헌을 골자로 한 김대중-김종필 연대 공약, 그리고 이명박 대통령의 대운하 공약들이 집권 이후에 '없었던 일'로 사라졌다. 그런 예가 한두 가지가 아니다.

대통령 선거가 끝난 직후만 해도 '박근혜 공약집'에 대해 '별로' 또는 '설마' 하며 가볍게 여기고 관심을 두지 않는 것 같은 분위기였다. 그러나 대통령직 인수위원회가 정부 각 부처의 업무보고를 받는 과정에서 그런 분위기가 사라졌다. 공약에 대한 대통령의 강한 의지를 알았기 때문이다.

정반대 현상이 벌어지면서 대통령 공약집이 필독서가 된 것이다. 이유는 공약집 안에 대통령의 생각과 마음, 뜻까지 모두 요약하여 담아 놓았다는 지적 때문이다. 그래서 대통령의 공약집은 마치 성경과 같고, 가야 할 길을 안내하는 지침처럼 여겨지고 있다.

새 대통령이 선출된 뒤 처음 며칠 동안, 정치권과 관가의 책임 있는 인사들은 대통령 공약집을 읽어보지 않거나 손에 쥐지도 못한 채 뉴스로 흘러나오는 것들만 받아들이는 정도였다.

짧은 문장으로 간단명료하게 줄거리만 요약되어 있는 공약 하나하나를 놓고 서로 다르게 해석하고, 그 뜻을 잘못 이해하여 공약집을 둘러싼 논쟁이 벌어지기도 한 사례가 대통령직 인수위원회 주변 여기저기서 터져 나왔다. 그런 뉴스는 새 대통령이 탄생된 초기에 거의 날마다 이어졌다.

그래서는 대통령이 가는 길을 따라간다고 해도 힘들거나 방향이 다를 수밖에 없다. 정치권과 관가 주변에 그래서는 안 된다는 생각을 하고 있는 사람이 많아진 것이다.

이유는 간단하고도 복잡하다. 새 대통령이 이명박 정부 5년 동안 여당 안의 비주류 리더였기 때문이다. 5년 전 이명박 정권 초기부터 박근혜를 따르는 소위 '친박'은 이명박 대통령을 따르는 주류에게 푸대접을 받으면서 정면으로 충돌하는 일이 많았던 탓이다.

권력을 잡고 있는 측과 갖지 못한 측이 맞서거나 부딪치면 그 소리가 요란하게 울려 퍼지지만, 정권을 잡은 쪽이 이기는 경우가 거의 대부분이다. 그래서 일부 인사들이 둥지를 떠나는 것이 정치계의 속성이다. 그러나 '친박'은 그런 갈등 속에서 별 이탈 없이 5년 세월을 견뎌냈다. 잠시 떠났던 일부 사람들도 결국 '친박' 품으로 돌아왔다.

그 바탕에는 정치인 박근혜의 투철한 정치 이념과 눈에 드러나지 않은 극복의 강한 리더십이 깔려 있다. 대통령이 된 뒤에도 이른바 공신功臣들이라는 측근들을 가까이 두지 않고 거리감을 보여

주는 리더십을 발휘하였다. 적어도 바깥으로 드러나는 모습이 그렇게 보였다.

선거의 일등 공신들을 푸대접하거나 멀리하면 그 당사자들 입에서는 못마땅하다며 볼멘소리를 내뱉는 것이 정치판의 생리이다. 그래서 그 불만의 소리가 굴뚝으로 빠져나오는 연기처럼 새어 나오기 마련이다.

하지만 친박 인사들은 약속이라도 한 듯 모두 입을 다물고 아무 말도 하지 않았다. 죽은 듯이 엎드려 있다는 표현까지 나돌았다. 아예 외국으로 나가 누리꾼들의 입방아에 오르지 않은 경우도 있었다. 참으로 신통한 일이 아닐 수 없다. 반기를 들었다는 소리가 거의 흘러나오지 않았다.

새 대통령 주변에서는 무조건 따르는 것 못지않게 무서워한다는 느낌을 받게 된다. 그것을 정가에서는 새 대통령 결단의 리더십이고, '친박'의 침묵이라고 일컫는다. 이런 일은 어느 날 갑자기 형성된 것이 아니라 5년, 10년, 아니 그 이상의 긴 세월 속에서 기쁘고 슬픈 일, 서럽고 힘든 일들을 함께 해온 끈끈한 정에서 나오는 것이다.

우리나라에서는 대통령 스타일을 파악하는 속도가 가장 빠른 집단을 관료사회라고 말한다. 사실 살아남기 위해서 그렇게 할 수밖에 없다고 해도 지나침이 없다. 이번에도 관료사회는 새 대통령에 대한 기초 연구와 탐색을 이미 끝낸 것 같다. 인수위원회 초반만 해도 이곳저곳에서 불거져 나오던 대통령 공약에 대한 비판과 볼멘소리가 어느 틈엔가 사라졌다.

Point

한쪽으로만 치우치는 편견은 무섭다. 공정하지 못하고 한쪽으로 쏠리는 생각은 논리에 어긋나는 오류를 가져오고, 오류는 엄청난 파열음을 낳게 된다는 것이 사회적 진실이다.

개인이나 집단을 가릴 것이 자기 생각대로, 자기 마음대로 어떤 일을 판단하고 추진할 때 일을 그르치거나 엉뚱한 결과를 초래하는 경우가 흔하다. 그런 실수를 미리 막자는 것이 합의 체제이다.

옛날 신라 6부 촌장들이 화백和白 회의를 열고 하늘에서 내려온 백마가 전해준 알에서 나온 박혁거세를 양육하고 임금으로 삼았다. 그리고 나랏일을 걱정하며 지원함으로써 천 년 세월의 기초를 다져준 것이었다. 결코 우연한 일도 아니고 가볍게 여길 대목도 아니다.

06

위대한 도전

01 글로벌 감각

박근혜 대통령은 말수가 부쩍 늘어났다. 대통령 당선인 시절에 인수위원회에서 사흘 사이에 하루 2시간 정도씩 진행된 토론회를 통해 3만 8,000자 분량에 이르는 말을 쏟아내 주변 사람들을 놀라게 하였다. 결국 2시간 토론회에서 평균 1만 2,700여 자 분량씩 말을 한 셈이다. 사흘 동안 한 말은 200자 원고용지에 한 자도 떼지 않고 써도 190장 분량이다.

그 많은 분량을 노트나 메모를 보면서 말한 것이 아니라 각종 정책의 세부사항까지 하나하나 지적하며 거론했다. 정책들을 그대로 거침없이 쏟아냈다. 평소 말을 아끼던 스타일과는 달라진 모습이라며 주변 사람들이 놀랐고, 그처럼 대단한 기억력에 감탄했다.

"빨리 좀 해주시고요."

대통령이 자주 하는 말이란다. "여러 가지 복잡한 정책들 가운데 경제 분야의 구체적인 추진 상황을 상반기와 하반기로 나눠 처리하지 말고, 빨리 하는 것이 좋다."라고 지적한 데서 나온 말이다.

실행하기도 바쁜데 상반기와 하반기로 나눠 하게 되면 시간만 계속 가게 된다. 당장 국민의 급한 불을 끄기 위해서는 모순된 관련법부터 고쳐야 한다고 말했다.

"어떤 입법 조치를 취하고 실천하기도 바쁘거든요. 일마다 타이밍이라는 게 있는데, 이게 늘 시간이 있는 것은 아니거든요. 그러니까 빨리 좀 해주시고요."라는 말도 단골로 등장한다.

"선거 기간 중에 참 다닌 데가 많아요. 어디를 갔더니 누가 뭐라더라." 한 것도 특유의 화법이다. "작년에 경기도에 있는 무한돌봄센터를 방문한 적 있었는데…….", "수원에 있는 아주대학 여성·학교폭력 지원센터를 방문했는데…….", "어떤 기초생활수급자 집을 방문했는데 가계부를 내놓고 수도세 분리 징수가 안 돼서 너무 힘들다고 하더라.", "골목 상권에서는 30년 이상 동네에서 빵집을 운영했던 분과 얘기를 나눈 적이 있다.", "태풍이 불었을 때 어느 배 농가에 갔는데……." "강원도에서는 19년간 딸기 품종 국산화에 매진해온 '딸기 박사'를 만났는데……."라는 말들이 그런 예이다.

　　대통령 통치 리더십의 골자는 자기 자신의 행복을 포기하고, 국
민을 가족처럼 여기며 모두가 행복하게 잘살아 보자는 것이다. 국
민이 안심하고 살 수 있는 나라를 만드는 것을 새 정부의 국정 운영
최우선 지표로 선정하고 추진하고 있다. 이는 역대 대통령들도 모
두 그랬지만, 특히 지난날 아버지 박정희 대통령의 국정 스타일을
그대로 닮은 스타일이다.

　　대통령은 미얀마의 민주화 운동 지도자 아웅산 수치 여사의 방문
을 받고 면담하는 자리에서 "정말 오랜 세월 조국의 민주주의를 위
해서 큰 희생을 감내하면서 헌신하신 데에 경의를 표한다. 개인의

행복을 포기하고 국민을 가족 삼아서 사는 인생이 어떤 것인지 잘 알고 있다."라고 말했다.

수치 여사는 '2013 평창 동계 스페셜올림픽 세계대회' 개막식에 초청받아 처음 한국을 방문한 길에 박근혜 대통령 당선자를 예방하고 면담한 것이다.

이 자리에서 대통령은 2009년 수치 여사가 감금된 상태에서 64세 생일을 맞았을 때 온라인 석방 서명 운동을 하는 사이트에 "비록 이번에 홀로 생일을 맞아야 하지만 당신은 혼자가 아닙니다."라는 글을 남겼던 일화도 소개하여 정겨움을 나누었다.

박정희 전 대통령의 딸과 미얀마 독립 영웅 아웅산 장군의 딸인 수치 여사의 이력은 여러 면에서 서로 비교된다. 수치 여사는 박근혜 대통령보다 일곱 살 많은 1945년생이다. 그의 부친 아웅산 장군은 수치 여사가 두 살 때인 1947년 정적에게 암살당했다. 33세 나이로 세상을 떠난 아웅산 장군은 지금도 미얀마 독립의 상징으로서 국민의 존경과 사랑을 받고 있다.

박근혜 대통령이 국회의원을 거쳐 대통령에 도전하여 당선된 것처럼, 하원의원인 수치 여사도 2015년 미얀마 대통령 선거에 도전할 예정이다.

Point

박근혜 대통령은 당선인 때에 미얀마 민주화운동 지도자인 아웅산 수치 여사의 예방을 받고 면담했다. 수치 여사는 2012년 4월 보궐선거에서 자신이 이끄는 민주국민연맹이 큰 승리를 거두면서 자신도 하원의원에 당선되었다.

미얀마 군사정부가 1989년부터 사용한 국호 '미얀마' 대신에 옛 국호인 '버마'라고 박근혜 대통령 당선인이 말하자, 수치 여사는 "말씀에 공감한다. 앞으로 있을 진전에도 상서로운 징조라고 생각한다."라고 답례했다.

수치 여사는 "우리는 버마의 민주화가 진전됨에 따라 버마 국민뿐만 아니라 다른 지역에 사는 국민과 주민을 위해서도 노력할 수 있게 되기를 희망한다. 우리가 평화와 번영이라고 이야기할 때는 버마 국민만이 아니라 전 세계를 대상으로 한 것"이라고 말했다.

02 희망의 메시지

　박근혜 대통령은 당선인 시절, 현행 인사청문회 제도와 검증에 대한 불만에 가까운 발언을 쏟아냈다. 새누리당 경남 의원들과의 오찬 자리에서 "일해야 할 인재들이 청문회에서 만신창이 될까 봐 공직에 나서기를 피한다. 청문회가 잘못 흘러가는 느낌이 든다. 이러다가는 어릴 때 잠자다가 이부자리에 오줌을 싸고 키를 뒤집어쓴 채로 이웃집에 소금을 얻으러 다닌 것까지 나오지 않겠느냐."라고 지적했다.

　한 참석자가 "노면 방뇨길에서 소변 기록이 나와도 청문회 통과가 힘들 것"이라고 말하자 이렇게 대답한 것이다.

　"옛날 시대의 관행이나, 40여 년 전의 일도 요즘 분위기로 재단하는 것 같다"면서, "지금과 같은 인사청문회 상황에서 누가 일할 사람을 추천하겠느냐."라고 물었다.

시작부터 후보자를 지리멸렬시켜 놓고 그 뒤에 청문회를 통과시키면 그분이 국민의 신뢰와 존경을 받을 수 있겠느냐는 말이다.

"희망의 새 시대를 열겠습니다!"

대한민국 정부 수립 이후 첫 여성 대통령, 첫 부녀父女 대통령, 유권자의 51.6% 지지를 받아 41년 만에 과반수를 넘은 대통령으로 취임한 박근혜 대통령은 취임사를 통해 "실천하는 민생 대통령이 되어 국민 행복 시대를 열어가겠다."라고 강조하였다.

지난 2007년 대선 이후 5년 내내 '차기 대통령' 여론조사에서 줄곧 1위를 지켜왔다. 안철수 전 서울대 교수 바람이 한때 불면서 위기에 몰리는 듯 했으나 꾸준히 대세론을 지키며 대통령에 당선되었다.

"민생, 약속, 대통합 대통령이 되겠다는 약속을 반드시 지키겠다."라며 지금 대한민국을 다스린다.

박근혜 대통령은 제18대 대통령으로 취임 준비 기간에 맞은 계사년 설날 아침에 유튜브를 통해 국민에게 희망의 메시지를 띄웠다.

설날 아침 대통령이 온 국민에게 보낸 동영상 메시지의 내용은 매우 희망적이다.

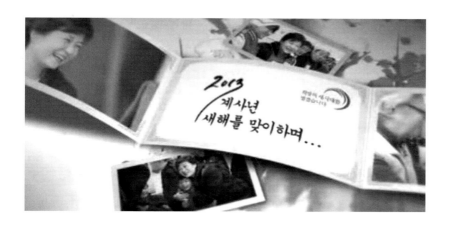

"즐거운 설날을 맞았다. '설'이라는 말의 어원은 '낯설다'는 뜻으로, 묵은해를 보내고 새해를 맞으면서 그간의 낡은 것들에게도 작별을 알리는 마음이 담긴 것 같다.

지금 우리나라는 새 정부 출범과 함께 새로운 시대를 시작하려고 한다. 과거의 국가 중심 국정 운영을 과감하게 바꾸어서 국민의 삶을 중심에 두고 새로운 국정 운영을 펼쳐 가려고 한다."

설날 아침에 날아든 대통령의 동영상 메시지는 모든 국민이 다 행복한 새 시대를 열어가겠다는 통치 철학과 의지를 다시 간추려 담아서 국민에게 새해 설날 선물로 전한 것이다.

"잘못된 관행을 바꿔서 국민이 행복한 나라를 만들겠다. 지금까지는 국가의 발전이 곧바로 국민 개개인의 행복으로 연결되지 않은 시대였다면, 앞으로는 국정 운영의 중심을 지금까지의 '국가'로부터 '국민'으로 바꾸겠다."라는 통치 리더십을 분명하게 다시 강조한 메시지이다.

흔히 말하는 "새해 복福 많이 받으세요!"라는 알맹이 없는 겉치레 인사보다 훨씬 새롭고 알차고 믿음이 가는 메시지가 아닐까.

전자공학사로 파리 유학 도중에 어머니의 갑작스러운 서거를 듣고, 큰 꿈을 접고 귀국한 그는 부지런하고 자상하면서도 강인한 성품을 지닌 여성 대통령이다.

탁월한 국가관과 불굴의 리더십을 지닌 박근혜 대통령은 4개의 명예박사 학위를 가지고 있다. 중국문화대학 명예 문학박사1987년, 한국과학기술원 명예 이학박사2008년, 부경대학교 명예 정치학박사2008년, 그리고 모교인 서강대학교 명예 정치학박사2010년 등이다.

박근혜 대통령은 새로운 정부를 '박근혜 정부'로 결정하였다.

과거의 대통령들도 '문민정부', '참여정부' 등으로 이름 붙이고 나라를 다스렸다. 그러나 실제로 그 이름에 합당한 통치를 했다고 보기는 어렵다는 것이다.

외국에서는 대통령이나 총리 등 통치자 이름을 앞에 붙여서 '○○○ 정부'라고 부른다. 미국에서는 '오바마 정부'라 하고, 일본에서는 '아베 내각'이라고 한다.

03 나의 조국은 대한민국

1979년 11월 21일, 그동안 살던 청와대를 떠나 서울 신당동 사저로 돌아온 뒤, 모든 삶이 180도로 바뀌면서 새로운 운명에 부딪혔다. 그런 세월 속에서 나약함을 보이지 않고 실망하지 않으려고 마음을 다져 먹으면서 두 동생을 이끌었다.

그런 가운데 일부 세력들에 의해 박정희 전 대통령을 격하格下하는 운동이 거세게 벌어졌다. 그러자 가까운 어른들이 조심스럽게 권유하였다.

"차라리 외국에 가서 사는 게 어떤가?"

하지만 이 권유를 그 자리에서 거절했다.

"나의 조국은 대한민국입니다!"

마음을 다잡기 위해 1981년 한 학기 동안 신학대학원을 다녔고,

절을 다니면서 《법구경》과 《금강경》 등 불교 경전도 열심히 읽었다. 청바지 차림으로 산과 문화 유적지를 찾아다녔다. 그때의 추억을 자서전에 "퍼스트레이디로 있을 땐 결코 누려 보지 못한 평화로움이었다."라고 썼다. 그러나 고독한 마음을 다스리기가 무척 힘들었다.

2006년 11월, 국회의원 신분으로 중국 공산당 초청을 받아 중국을 방문했다. 스스로 세상의 중심이라고 생각하는 나라, 몸집 큰 중국의 심장 베이징 땅을 밟았을 때 그들은 박근혜 의원을 국가 원수처럼 예우를 갖춰 정중하고도 근엄하게 대접하여 주위를 놀라게 했다.

또한, 6자 회담 미국 대표인 힐 차관보가 조어대에 머물고 있는 박근혜 의원과의 독대를 요청해 그의 '깜짝 요청'이 뉴스를 탔다. 그는 퍼스트레이디 시절부터 박 의원과 친교를 맺었던 것으로 알려졌다. 예정에도 없던 힐 차관보와의 만남으로 박 의원의 국제적 위상은 더욱 높아졌다.

오히려 우리보다 먼저 영국과 미국 등에서 박근혜를 "기품 있고 고급스런 연설자", "대중을 설득하는 뛰어난 화법을 구사하는 정치인"이라며 높이 인정해 화제가 되기도 했다.

중·고교 시절부터 국가 발전에 기여하려면 외국어가 절대 중요하다며 일찍부터 외국어 공부에 매달렸다. 지금 영어, 불어, 스페인

어, 중국어 등 5개국 언어에 능통하다.

"어머니를 대신해 아버지를 돕는 것이 나의 사명이라고 생각하고 하루하루를 정말 숨 가쁘게 살아왔다."

그런 박근혜를 주변에서는 "동양의 부덕婦德을 겸비한 한국의 무궁화"라고 존경한다.

아버지인 대통령의 고독을 조금이라도 위로해 드리고 도와드리는 것이 하늘이 내린 소명이라 생각하고 '화려한 고독'이라고 불리는 퍼스트레이디 역할에 전력을 다하였다. 세계 속의 젊은 퍼스트레이디로 바쁘게 활동하였다.

오래전부터 일본, 중국, 미국, 유럽 등 세계 각국 정상 및 외교가들과 활발한 교류와 만남을 통해 돈독한 관계를 유지하여 왔다. 외국 방문 때에는 어떤 자리에서도 호소력 있는 연설을 하기로 유명하지만, 두렵고 떨리는 시절도 있었다.

대통령이 되기 전 국회의원 또는 한나라당 대표의 직함보다는 '수첩공주'라는 별명이 더 가깝고 친근감 있게 따라다녔다. 그래서 '수첩정치'라고 매도하기도 했지만, 묵묵히 서민 탐방을 하면서 현장의 고충을 수첩에 적는 일을 계속해 갈 뿐이었다.

외국 대사나 귀빈과의 만남, 연설 내용, 인터뷰 기사 내용까지 직접 작성하고 확인하며 챙긴다. 무슨 일이든 항상 철저히 준비하는 것으로 유명하다.

"국가가 있어야 나도 있을 수 있다."

아무리 어렵고 힘들어도 결코 흔들리지 않았다. 무척 강한 여성이다. 웬만해서는 놀라지도 않는다. 굳게 다문 입, 입가의 잔잔한 미소가 전부이다. 하늘이 무너지는 것 같은 충격과 시련을 겪고 슬픔을 감내한 긴 세월이 그를 강한 사람으로 만들어 주었는지 모른다.

"겪을 수밖에 없는 일이라면 어쩔 수 없지 않나. 너무나 끊임없이 겪게 되는 어려움들이라 이제는 어느 정도 만성이 되었다. 옛날 같으면 도저히 견딜 수 없다고 생각되는 고통일 텐데도 지금은 눈물 한 방울 없이 담담히 받아들이고 있는 나를 발견한다. 사명을 다해야 한다는 그 책임감이 나로 하여금 어떤 어려움도 마다하지 않고 극복하게 만든다."

자서전에 밝힌 한 구절이다.

"앞으로 이 나라, 이 사회를 위해 조그마한 정성이라도 기울이며 조용히 살아가겠다."

이렇게 말하고 청와대를 떠났다가 대통령으로 다시 돌아왔다. 야인으로 묵묵히 생활하던 시절, 1997년 IMF를 만나 경제 한파가 나라 전체를 삼켰다. 나라 경제가 허무하게 무너지는 상황을 보고 주먹을 불끈 쥐었다.

"어떻게 세운 나라인데……."

그대로 있을 수만은 없다는 절망감에 가슴을 쳤다. 그때 한나라 당의 요청을 받고 정치인의 길로 나섰다.

"나를 위한 정치가 아닌 국민을 위한 정치"를 하겠다는 소신과 굳은 의지는 아무도 꺾을 수 없었다. 나라의 위기를 두고 정치적 계산만을 할 수는 없으며, 그래서도 안 된다고 마음을 먹었다. 그 결단은 또 다른 고행의 시작으로 다가왔다.

강인함과 흔들림 없는 의지는 어떤 위기와 시련에도 꿋꿋했으며, 오직 나라와 국민만을 위하는 '진정한 힘'이다. 연속되는 위기를 딛고 일어설 수 있었던 것은 대한민국과 국민이 있었기 때문이다. 이 것이 곧 '박근혜의 힘'이자 위기에 빛나는 저력의 바탕이다.

글로벌 리더십은 대한민국의 인식을 새롭게 바꾸는 틀이 되었다. 한 예로써 2005년 3월 미국 방문 때 '밥상론'으로 워싱턴 정가를 매료시키며 큰 관심을 끌었던 일은 국제사회에서 너무나 유명한 일 화가 되었다. '밥상론'은 간단명료하지만 큰 여운을 안겨 주었다.

"서양에선 음식을 먹을 때 수프, 메인요리, 후식 등이 단계적으로 나오지만, 한국은 밥상에 밥, 국, 반찬 등을 한 번에 올려놓고 먹는다."

그해 5월 중국 방문 때는 북한이 핵실험을 강행할지도 모르는 위기 상황에서, 중국이 중재자로서의 적극적 역할을 해 달라고 요구하여, 북한의 핵실험을 막겠다는 답변을 이끌어냈다.

2006년 3월 일본 방문 때는 소신과 원칙으로 한국의 자존심을 지키는 외교를 펼쳤다.

"독도, 교과서, 신사참배, 위안부 문제 등으로 인해 미래로 가지 못하고 있다. 천 년이 가도 일본은 가해자, 한국은 피해자라는 사실은 변하지 않는다. 그 토대 위에서 대화하고 상호 신뢰를 쌓아야 한다. 그러기 위해선 정치 지도자들의 확고한 의지와 언행이 중요하다. 어떻게든 우리 세대에 이 문제를 풀어서 우리 후손들에게 짐을 떠넘기지 말자."라고 강조하면서, 예상을 뛰어넘는 좋은 반응을 얻었다.

그해 9월 유럽 방문에서는 각 나라 지도자급 인사들과의 만남을 통해 대한민국의 미래상과 정책 방향에 대한 견해를 밝히며 미래와 비전을 향한 진정한 외교에도 한몫했다.

석 달 뒤인 11월 중국 방문 때는 동북아 공동체를 위한 한-중 열차 페리를 제시해 대한민국의 근대화 정신을 당당히 중국에 수출했다.

Point

　　박근혜 대통령의 통치 리더십은 '약속의 정치'를 실현하는 것이다.

민생 탐방에서 들은 국민들의 요구를 모아 한국 정당사상 최초로 '대국민 실천백서'를 만들었다.

천막 당사 2주년이 되는 2006년 3월 24일, 2년간 실천한 한나라당의 공약을 보고하고 국민의 목소리를 청취하는 시간이 있었다.

이 자리는 위기의 야당이 아니라 정책 정당으로 거듭나고 있음을 확인시키는 무대였다.

"저는 앞으로 우리 정치가 이렇게 국민과의 약속 실천백서로 국민에게 평가받아야 한다고 생각합니다. 우리 정치가 남의 잘못을 파고들어 상처를 입히는 것으로 경쟁할 것이 아니라 국민을 위한 정치로 먹고사는 문제를 챙기는 것이어야 한다고 생각합니다."

04 우리 안에 희망이 있다

박근혜 대통령은 국회의원 시절에 여러 곳에서 참으로 많은 연설을 하였다. 그 가운데 가장 감동을 준 연설은 "대한민국의 희망은 대한민국 안에 있다."라는 연설이다. 이 연설로 수많은 사람으로부터 "박근혜, 그냥 된 것이 아니다."라는 평을 받았다. 감동을 준 불후의 명연설은 단국대학교 천안캠퍼스 총여학생회 초청을 받고 한 연설이다.

중간 중간마다 웃음과 박수가 터져 나온 감동의 연설은 "여러분, 안녕하세요? 이렇게 따뜻하게 맞아주셔서 감사합니다."로 시작되었다. 연설의 골자는 이렇다.

단국대 천안캠퍼스가 전국에서 가장 아름다운 캠퍼스 중 하나라고 들었는데, 직접 와보니 정말 아름답다. 이렇게 훌륭한 캠퍼스에서 공부하는 여러분이 행복해 보인다.

오늘이 제가 한나라당 대표직에서 물러난 이후 첫 번째 대학교 특강이다. 그동안 여러 대학교에서 특강 요청이 있었지만, 첫 특강만큼은 무조건 이곳에서 하겠다고 계획을 잡아 놓았었다. 왜 그랬는지 궁금하죠?

지난 광복절 아침에 박정은 총여학생회장이 특강 요청을 하려고 왔으나 저를 못 만났다. 보좌관에게 이야기를 들어보니까, 인터넷 뒤지고, 부동산 아저씨한테 물어보고, 근처 아파트 경비 아저씨한테까지 물어 가면서 집을 찾아와서, 아침부터 기다렸고, 경비 아저씨한테 '비타500'까지 갖다 드리면서 만나기를 기다렸다고 한다.

제가 그동안 여러 가지 방법으로 특강 요청을 받았지만 이렇게 적극적으로 열성을 갖고 찾아온 분은 처음이다. 그래서 이 얘기를 듣고, 무조건 첫 특강은 단국대에서 해야겠다고 결정했다. 그러니까 오늘 저와 여러분이 만난 것은 박정은 회장 덕분이다. 더 나아가서 이런 회장을 뽑아 준 바로 단국대 학생 여러분 덕이다.

저는 여러분이 앞으로 어떤 일을 하더라도, 이렇게 순수한 마음과 열정을 가지고 최선을 다한다면 무슨 일이든 다할 수 있다고 생각한다. 그것이 바로 젊음의 특권이고, 젊음의 가능성이다. 여러분의 희망과 가능성은 바로 여러분 안에 있다.

제가 학교를 다녔던 70년대에는 공과대학엔 여학생이 드물었다. 전자공학과에 입학했을 때 여학생이 딱 두 명이었다. 그나마 다른 한 명은 중간에 유학을 떠나는 바람에 저 혼자 다녔다. 여학생이 혼자니까, 인기 좋았겠죠? 공대 얼짱으로 인기 좋았다.

지금은 우리 전자산업이 세계 최고 수준에 있지만, 당시에만 해도 정말 우리 손으로 TV를 만들고 냉장고, 세탁기를 만들어서 수출한다는 게 꿈같던 시절이었다. 그렇게 꿈만 같던 일들이 지금 현실이 되었다.

저희 때만 해도 대학교 다닐 때, 대학생활의 낭만을 만끽했고 졸업하면 취직할 곳이 많아서 원하는 곳을 골라 갔었는데, 요즘은 이력서를 수십 장 내도, 면접 한 곳 보기가 힘들다고 알고 있다. 특히 여학생들은 더 어려움이 큰 거, 잘 알고 있다. 도대체 뭐가 잘못되었고, 어떻게 하면 새로운 희망을 찾을 수 있는지, 오늘 저는 이 문제에 대해서 여러분과 이야기해 보려고 한다.

오늘 특강 제목을 '대한민국의 희망은 대한민국 안에 있다'로 잡았다. 여러분의 희망도 다른 곳이 아니라 바로 여러분 안에 있다고 생각한다. 저 역시도 그동안 살아오면서 수많은 시련과 좌절을 겪어야 했다.

누구나 살면서 서로 다른 종류의 시련을 겪는다. 누구나 자기가 겪는 시련이 가장 가혹하다고 생각한다. 저도 마찬가지였다. 전국을 돌면서 하도 악수를 많이 했더니 손이 아파서 붕대를 감아야 했다. 왼손으로 악수를 하면서 다녔다. 저는 그때 우리 국민을 보면서, 진심은 통한다는 것을 느낄 수 있었다.

전국 곳곳의 민생 현장을 155차례나 돌았다. 갈 때마다 국민의 말씀을 수첩에 꼼꼼하게 적고 약속을 드렸다. 과연 지킬 수 있을까 하고, 의문하는 사람들이 있었다. 그렇지만 그 수첩을 보면서 당의 담당자에게 어떻게 조치했는지 확인하고 끝까지 챙겼다. 처음 수첩에 적을 때는 불가능해 보였던 일들이 하나둘 풀리는 것을 보면서 저도 힘을 얻었고, 당직자들도 보람을 느꼈다. '수첩공주'라고 놀리는 분들도 있는데, 이런 수첩공주는 괜찮지 않나?

시련의 문을 열고 나갈 수 있는 열쇠는 바로 자기 자신 안에 있다. 결코 포기하지 말고 스스로 자기 안에서 희망을 찾을 때, 희망의 문은 반드시 열릴 것이다!

우리의 희망이 우리 안에 있는 것처럼, 대한민국의 희망도 결국은 대한민국 안에 있다고 믿는다. 제2차 세계대전 이후에 독립하거나 새로 탄생한 나라가 85개국이다. 그 가운데 산업화와 민주화에 모두 성공한 나라는 딱 하나 바로 우리 대한민국이다.

나라가 분단되고 전쟁까지 겪었지만, 전 세계에서 10위권의 경제 대국으로 성장한 기적의 나라가 우리 대한민국이다. 우리나라가 가지고 있는 힘은 전 세계 어느 나라와 비교해도 부족하지 않다.

그런데 이런 나라에서 지금 일자리 걱정이나 하고 있다는 것이 말이 되는가? 왜 이렇게 되었나? 여러분들이 노력을 안 하나? 절대 아니다. 전 세계 중·고등학생 가운데 가장 공부를 많이 하는 학생들이 우리나라 학생들이다. 학교만으론 부족해서 새벽까지 학원엘 다닌다. 대학에 와서도 1학년 때부터 취업 준비를 하고, 4년 내내 도서관에서 공부하고, 실험실에서 밤새우는 것이 우리 대학생들이다.

여러분은 제가 확신하건대, 전 세계 어느 나라 젊은이들보다도 부지런하고, 성실하고, 최선을 다해 살고 있고, 그만큼 충분한 역량을 가지고 있다. 그런데 왜 이렇게 취직 걱정을 해야 하고, 좌절을 겪어야만 하나? 문제는 딱 하나, 결국 국가 리더십의 문제이다.

국민은 21세기에 맞는 능력을 갖추고 있는데 국가의 리더십이 제대로 발휘되지 못하고 있는 것이다. 바로 국가적 리더십의 문제, 지도자의 문제이다.

저는 이제 여러분이 희망을 찾고, 우리나라가 희망을 찾기 위해서, 새로운 국가적 리더십을 만들 때가 되었다고 생각한다. 그렇다면 지금 우리에게 필요한 리더십은 어떤 것인가? 왜 해보지도 않고 지레짐작으로 포기부터 하려고 하나?

저는 우리나라가 그동안 발전해 오는 과정에서 흔히 '산업의 쌀'로 표현되는 중요한 핵심이 몇 가지 있었다고 생각한다. 첫 번째 산업의 쌀은 '땀'이고, 두 번째 산업의 쌀은 '철', 세 번째 산업의 쌀은 '반도체'였다.

지금은 우리가 네 번째 쌀을 준비해야 할 때다. 네 번째 쌀은 바로 '사람'이라고 생각한다. 21세기에 국가 경쟁력의 원천은 지식과 정보이고, 이제는 사람이 경쟁력이다.

건설이나 공장만으로 국민을 먹여 살리는 시대는 지났다. 잘 만든 영화 한 편이 자동차 수백 대 수출하는 것과 맞먹는 부가가치를 올리는 시대에 우리는 살고 있다.

정부가 나서서 이것저것 지시하고 이끌어가면서, 국민들을 먹여 살리겠다고 나서는 식으로는 더는 안 된다. 일자리를 만드는 것은 정부가 아니라 기업이라는 것을 명심해야 하고, 정부는 대한민국 브랜드 가치를 높이는 일이다. 21세기는 글로벌 시대이다. 여러 분의 일자리가 한반도에 국한될 수도 없고, 국한되어서도 안 되는 시대이다. 일본으로, 유럽으로 미국으로, 여러분이 일할 수 있는 공간이 계속 확대될 것이다.

그렇다면 정부가 할 일이 무엇인가? 대한민국 출신이라는 이유만으로 세계의 기업들에게 대접을 받을 수 있도록 만들어야 한다. 21세기를 살아야 할 여러분들은 세계 각국에서 가장 기술이 뛰어난 인재들, 가장 창의적이고, 가장 성실하게 일 잘하는 사람들로 인정을 받아야만 한다.

그렇게 하기 위해서는 대한민국이라는 브랜드가 먼저 인정을 받아야 한다. 정부의 역할이 여기에 있다고 생각한다. 우리나라의 국가 경쟁력을 높이고, 대한민국의 브랜드 가치를 높여서, 우리 젊은이들이 전 세계 어디를 가도 가장 인정받을 수 있도록 만드는 일이다.

대한민국 축구가 4강에 오르자, 전 세계의 스카우터들이 한국 선수들을 주목했듯, 대한민국 브랜드 가치가 상승하면, 당연히 세계의 기업들은 한국의 인재들에게 눈을 돌리게 된다.

이것이 바로 '대한민국 안에 숨어있는 희망을 찾는 길'이라고 믿는다.

우리는 불가능을 가능하게 만드는 능력을 가진 민족이다. 애당초 불가능이라는 것이 없는 민족이다. 우리 대한민국의 희망은 바로 우리 대한민국 안에 있고, 그 희망의 원천은 바로 한 사람 한 사람의 국민이다.

여러분은 이제 제 가족이다. 여러분도 저를 언니처럼 이모처럼 생각해 주시고, 어려운 일 있을 때면 제 싸이에 사연도 올려주시고, 이메일도 보내주시기 바란다.

성심성의껏 제가 할 수 있는 대답도 해드리고, 여러분의 마음을 읽도록 노력하겠다. 긴 시간 경청해주셔서 정말 고맙습니다.

Point

"나는 고집쟁이가 아니다!"

대통령에 당선되기 전에, 유럽 순방 중 아테네에서 동행 기자들과 간담회를 하면서 "미래 국가 발전의 패러다임은 평소 소중하게 생각하는 원칙과 신뢰"라고 밝혔다.

"신뢰와 원칙이라는 무형의 인프라, 사회적 자본을 구축하지 않으면 절대 선진국으로 진입 못 한다."라고 강조했다.

또 "저를 가리켜 '아 답답하다. 왜 이렇게 고집이 센가'라 하고 '원칙공주'라고 하는 말도 듣고 있다. 갈등이 잘 조정되려면 정치권에서 원칙과 신뢰를 잘 쌓아야 한다."라고 말했다.

05 고통은 행복의 열쇠

박근혜 대통령은 자신을 불사르며 가족을 지켜 왔다. 대통령의 가족 이야기는 참으로 슬픈 사연을 담고 있다. 아버지는 혁명의 주인공으로 산업을 일으켜 나라를 가난에서 벗어나게 한 대통령이었고, 어머니는 자상하고 인정 많아 국민의 존경을 받았던 분이다. 그러나 부모를 5년 사이에 총탄으로 여읜 뒤 파란만장한 삶을 이어왔다.

그 때문에 하나뿐인 남동생은 방황에 빠져 국민으로부터 지탄을 받았고, 자매 사이의 정분도 외부 사람들의 농간으로 멀어지고 잡음이 이어졌다. 하지만 두 동생을 이끌면서 난관을 극복하고 일어섰다. 시련과 고통이 행복의 열쇠라는 것을 다시금 깨달았다.

혁명가 대통령 아버지의 뒤를 이어 대한민국을 통치하는 여성 대통령의 가족은 사업가로 성공한 남동생 박지만 씨, 올케 서양희 변호사와 초등학생인 어린 조카 세현 군, 그리고 경기여고-서울대학교 작곡과 출신으로 출가한 여동생 근령 씨 등이다.

남동생은 현재 금속 복합재료 제조회사 'EG'의 회장이다. 아버지가 총탄으로 세상을 떠날 당시 육군사관학교 제37기 생도였다. 육사를 마치고 1981년 방공포병과를 택해 소위로 임관되어 초급장교로 복무하기 시작한 것이다. 그러나 그의 군대생활은 액운이 따랐다. 군 복무 중에 불의의 교통사고를 당하고 예편하였다. 부모를 총탄에 잃은 충격과 교통사고에 따른 후유증을 덜고자 몸부림치다가 마약에 손을 댔고, 이후 시련의 연속 속에 전직 대통령의 아들로서 품위를 잃고 불미스러운 일을 하며 방황하였다.

그때 누나로서의 마음은 무척 쓰리고 아팠다. 하나뿐인 남동생의 탈선에 대해 온 국민의 정서는 걱정을 넘어 분노로 치달았다. 대통령의 아들로서 나라를 지키겠다며 장교의 길로 접어들었던 그가 탈선한 데 대해 실망했던 국민의 원성이 매우 높았다. 이 때문에 사회로부터 지탄의 소리가 쏟아졌다. 드디어는 법원에서 유죄 선고를 받기도 하였다.

누나는 그런 남동생을 이해하고 격려하면서 사랑을 기울였다.

"우리 몸에는 가난에 찌든 나라를 구한 아버지의 피가 흐른다. 아버지의 숭고한 국가관을 훼손해서는 안 돼! 그럴 순 없어!"

누나의 간절한 가르침에 동생은 몸부림치며 좌절과 실의에 빠진 자신의 마음을 바로잡는데 힘썼다. 또한, 박정희 대통령의 사랑을 받았던 인사들이 그를 지원했다. 아버지가 대통령 시절에 열정을 쏟아 주요 국책사업으로 추진한 포항제철을 맡아 세계적인 제철회사로 일으킨 고故 박태준 회장퇴임 후 포스코 명예회장/국무총리 등 지냄의 도움으로 사업가로서 자리를 잡고 기업인으로 뛰고 있다.

박 회장은 지만 씨에게 EG의 전신인 삼양산업 부사장직을 맡겼다. 삼양산업은 포스코의 냉연강판 생산 과정에서 나오는 부산물을 공급받아 전자용 산화철을 만드는 알짜 사업체다.

지만 씨는 부사장에서 대표이사가 됐고, 역시 박정희 대통령을 은인으로 여겼던 김우중 전 대우그룹 회장으로부터 9억 원을 빌려 이 회사 지분 74.3%를 인수하면서 대주주가 됐다.

기업인으로 새로운 삶을 얻은 뒤 서향희 변호사를 만나 결혼하고 아들을 낳아 성실한 기업인으로 자리를 잡았다.

누나는 귀여운 조카가 태어났을 때 "부모님이 계셨다면 이 세상 최고의 선물을 받은 것처럼 기뻐하셨을 텐데……."라고 기뻐했다. 방황하던 남동생에게 안정을 찾아주고 아들까지 낳아준 올케 서 변호사를 누구보다도 아끼고 사랑한다.

박근혜 대통령은 남동생이 아들을 낳아 고령 박씨 가문의 대가

이어지게 되었다며 지금 초등학생인 조카 세현이를 무척 소중하고
도 귀엽게 여긴다.

대통령의 딸로서, 처녀 시절에 아버지와 어머니를 모
두 총탄으로 여의고, 청와대에서 나와 옛날 집으로 돌아온 뒤 충
격과 실의 속에서 은둔 생활에 들어갔다.

두 동생을 거느리고 살아온 세월, 살얼음판과 같은 길을 걸어
왔다. 그리고 대통령이 되어 청와대로 들어갔다.

여성 대통령의 가족은 두 동생과 올케, 조카이다.

여동생 박근령朴槿令 : 결혼 출가

남동생 박지만朴志晩 : EG 회장

올케 서향희徐香姬 : 변호사

조카 박세현朴世現 : 초등학생

07

하늘의 뜻

01 뼈를 깎는 아픔을 겪고

아버지 10주기인 1989년을 1년 앞둔 1988년부터 아버지의 공을 기려야 한다는 각오로 언론 인터뷰를 시작했고, 박정희 전 대통령 기념사업회도 발족했다.

"1989년은 수년간 맺혔던 한을 풀었다고 해도 좋을 만한 뜻깊은 해다."

일기 내용 가운데 한 구절이다.

그 이후 청바지 차림으로 산과 문화 유적지를 찾아다녔다.

"퍼스트레이디로 있을 땐 결코 누려 보지 못한 평화로움이었다."

자서전에 밝혀 놓은 솔직한 기록이다.

대통령의 딸로서 청와대에서 생활하다가 청와대를 떠난 이후 뼈를 깎는 시련과 고통을 이겨내고, 괴로운 인고의 세월을 슬기롭게 헤쳐 나왔다.

대구 달성군에서 국회의원 보궐선거에 출마해 당선되면서 정치인이 된 뒤, 박근혜의 리더십은 서서히 나타나면서 커다란 힘을 띄우기 시작했다. 그러나 정치인으로서의 또 다른 고난의 세월이 이어졌다. 하지만 원칙을 지키면서 흐트러지지 않고 우뚝 섰다.

박근혜가 정치 무대로 들어선 것은 1997년 겨울이었다. 12월 2일 한나라당의 제15대 대통령 후보였던 이회창 총재의 연락을 받고 그와 마주 앉았다. 그리고 1주일 뒤에 대통령 선거에 출마한 이회창 후보를 지지한다는 선언과 함께 한나라당에 입당하였다.

이후 이회창의 권유로 1998년 4월 2일 한나라당의 후보로 대구광역시 달성군의 국회의원 보궐선거에 나가 "박정희 전 대통령의 딸"이라는 점과 "새 인물 미혼 여성 정치인"이라는 점을 내세우며 선거전에 돌입하여 금배지를 달았다.

정치인의 운명은 참으로 기묘하다. 이회창 후보는 대통령 선거에서 김대중 후보에게 밀려 청와대 꿈이 무너졌다. 그 뒤 국회의원 박근혜는 한나라당 부총재로 선출되었지만, 2002년 2월 대통령 선거를 앞두고 당 지도부와의 의견 차이로 한나라당에서 탈당하였다. 이후 한국미래연합을 창당하였으나 다시 한나라당으로 들어가는 등 갈등과 변화가 잇달았다.

2008년 18대 총선에서는 박근혜 계열의 많은 정치인들이 후보 공천을 받지 못하는 사태가 벌어졌다. 이런 상황에서 급기야 서청원, 홍사덕 등의 주도로 공천에서 탈락한 박근혜계 정치인들이 탈당하여 친박연대를 창당하거나 무소속 연대를 결성하였다.

박근혜는 이들과 행보를 같이 하지는 않았지만, 공천 결과에 대해 서운함을 숨김없이 그대로 드러냈다.

"나도 속고 국민도 속았다. 살아서 돌아오라."

이 짧은 한마디로 강도 높게 비판하면서 용기를 북돋아 주었다.

한나라당을 탈당한 친박연대와 무소속 연대로 국회의원에 출마해 여러 명이 당선되었다. 이들을 한나라당으로 다시 들어오게 하였다. 그러나 이명박 대통령을 따르는 친이계의 견제로 이들 모두의 복당이 이뤄지지 못하다가, 박근혜가 당권을 장악하면서 2012년 19대 총선 전에 한나라당과 합당하여 새로운 전기를 맞았다.

한나라당 비상대책위원장을 맡은 박근혜는 2012년 1월 25일, 당의 이름을 새누리당으로 고쳤다. 이로써 한나라당은 14년 3개월 만에 역사 속으로 사라졌다.

이후 박근혜는 제19대 총선 대비를 하였고, 3월 20일에는 새누리당 중앙선거대책위원장에 추대되고, 2012년 8월 20일 새누리당 전당 대회에서 대통령 후보로 선출되었다.

그런데 엉뚱하게도 과거사 문제로 야권의 집중 공격을 받았다. 하지만 국민 대통합과 준비된 여성 대통령을 내세우며 대선에서 승리, 제18대 대통령으로 대한민국을 통치하고 있다.

Point

'박근혜 정부'가 새로운 시대를 열어간다. 그동안 역대 정부마다 나라의 발전과 국민의 행복을 약속했었다. 그러나 노무현 정부도 이명박 정부도 민생에 실패했다.

과거 정권들과는 완전히 다른 세상과 정부를 만들겠다고 선언하고 열심히 뛰고 있다. 민생을 뛰어넘고 다 함께 행복한 삶을 누리는 나라, 통합의 나라로 만드는데 모는 것을 바치겠다고 강조했다.

"여러분의 상처와 눈물을 짊어지고 여러분의 눈물을 닦아드리는 대통령이 되겠다."

02 절망은 없다 '철의 여인'

대한민국의 위기 탈출구를 찾는데 열정을 쏟고 있는 박근혜 대통령은 '철鐵의 여인'이라고 불렸던 영국의 대처 전 총리의 지도력을 높이 평가하고 있다.

"대처가 영국병을 치유했다면, 나는 한국병을 고치겠다."

이를 가리켜 정치권에서는 대처리즘이라고 한다. 아홉 살 때 아버지가 5·16 혁명을 일으켜 성공하고 대통령에 취임한 이래 18년 동안 청와대 생활을 했던 박근혜는 1974년 어머니를 잃고 22세에 퍼스트레이디가 된 뒤, 아버지도 총탄을 맞고 서거할 때까지 5년 동안 아버지의 국정 운영을 보면서 경험을 쌓고 국제적인 외교 감각도 터득했다.

퍼스트레이디를 하면서 가슴에는 국가, 머리에는 민족, 몸에는 조국이라는 말이 머릿속 깊이 입력되었다. 먼 훗날 그때의 경험과 각오가 커다란 자산이 됐다고 밝혔다.

1979년 미국 AP통신과 인터뷰를 하면서 이런 말을 했다.

"나는 전자공학이 제일 어려운 줄 알았는데, 뜻밖에 퍼스트레이디를 맡게 됐을 때 전자공학보다 더 어려운 것이 있다는 사실을 깨달았다."

국가 안보에 대한 인식이 마치 유전자 DNA처럼 핏속에 박혀 있다는 말을 듣는 박근혜 대통령은 아버지 서거 후 18년간의 세월을 "인고의 세월"이라고 표현했다. 세상 사람들의 인심이 다 그런 것처럼 권력을 좇아 주변을 맴돌던 사람들은 아버지 서거 이후 철저하게 박근혜를 외면했고, 심지어 배반도 서슴지 않았다.

그 설움을 연약한 여성의 온 몸으로 이겨내며 기약 없는 은둔생활에 들어갔다. 이 기간 동안 절망적인 상실감과 권력의 쓰라림을 매서운 한파보다 더 혹독하게 치렀다.

그 비정함이 박근혜를 '청와대 공주'에서 강인한 여성으로 탈바꿈시켰다. 탈바꿈이 감당하기 힘들었던 그 인고의 세월, 배반과 모함을 이겨내고, 위기의 순간들을 극복할 수 있는 놀라운 정신력과 강인한 근성의 바탕이 된 셈이다.

그렇게 발버둥치면서 정치권에 발을 딛고 국민 속으로 뛰어들었다. 그리고 대한민국 대통령이 된 것이다. 그 기간이 장장 18년이나 걸렸다.

이 기간 동안 육영재단 이사장, 영남대학교 이사장, 한국문화재단 이사장 등을 맡아 아버지의 정신적 유산을 체험하고 역사적 정당성을 외롭게 주장하는 한편 역사와 철학에 대한 수많은 책들을 섭렵하면서 정신적 지평을 넓히는 작업도 게을리하지 않았다.

'철鐵의 여인'으로 불리는 그의 패션은 단연 붉은색이 주류다. 붉은색이 잘 어울린다 하여 평소에 붉은색 옷을 좋아한다. '전투복'이라는 애칭의 바지 정장 차림을 즐긴다. 중요한 고비 때마다 가진 기자회견이나 장외 투쟁을 할 때, 또는 민생 현장을 방문할 때는 거의 빼놓지 않았던 대표적인 패션 스타일이다. 정책토론회 등 중요한 행사 때에도 어김없이 바지에 붉은 재킷을 즐겨 입었다.

당의 이름을 바꾸고 당의 색깔도 붉은색으로 바꿨다. 붉은색으로 생기를 불어넣었다. 일반적으로 청색 계열은 보수 성향에서 좋아하는데, 보수층의 절대 지지를 받는다는 점에서 당의 색깔을 붉은색으로 바꾼 것은 다소 의외라는 지적도 있었다.

연약해 보이는 '수첩공주'를 강력한 여성 대통령 후보로 이미지를 바꿔 주는 데 성공한 셈이다. 붉은색은 보통 열정적인 동시에, 피 또는 혁명적 진보 성향이 강한 색이다.

4년 연속 '백봉 신사紳士상' 1위 수상자로 선정된 이력도 지녔다. 백봉 신사상은 '백봉 라용균 선생 기념사업회'가 국회 출입 기자들에게 부탁해 국회의원의 신사적 태도와 의정활동 등 2개 분야에 대한 설문조사를 실시하고 최고 점수를 받은 의원에게 주는 색다른 상이다.

또한, '자랑스러운 한국인 대상', '대한민국 법률대상', '국회를 빛낸 바른 언어상'에 이어 '올해의 패션 그룹상' 등 이색적인 여러 가지의 상을 받았다.

색은 컬러라고 한다. 눈에 들어오는 빛의 물리적 자극에 의해 대뇌피질의 시각 중추에 생기는 현상이다. 붉은색처럼 강렬한 색채일수록 화려하게 보인다.

패션에서는 원색일수록 눈에 잘 띄고 매력을 풍겨준다. 사람은 아주 미세한 색의 차이도 쉽게 분별하는 능력을 가지고 있는데, 그 식별 능력은 매우 놀라울 정도이다.

민족과 문화 수준에 따라서, 개인의 성향에 따라서 좋아하는 색, 싫어하는 색이 각기 다르다.

우리나라에서는 빨간색은 진심, 매력, 검은색은 죽음과 패배를, 흰색은 순결의 의미를 갖는다.

03 스스로 무섭게 단련

2005년 1월 '싸이월드' 미니 홈페이지를 개설하여 운영하고 있다. 대통령 취임 전에 방문자가 600만 명을 넘어섰다.

이는 젊은 층의 인기가 대단하다는 것을 말해 준다. 평소 젊은이들이 좋아하는 대중가요를 즐겨 부르면서 이들과 더욱 친밀해지려는 노력을 하는 '인기 관리'도 특별나다.

북핵 문제의 해결을 위해 국회의원 신분으로 2005년과 2006년 두 차례에 걸쳐 중국을 방문했다. 그때의 느낌을 자서전自敍傳을 통해 솔직하게 밝혔다.

"나는 중국이 무서운 나라라고 생각했다. 거대한 땅, 엄청난 자원과 수많은 인재를 가졌기 때문이다. 중국은 그들 스스로 배울 것이 있다면 누구에게나 배우고, 성공한 제도가 있다면 그 제도를 거침없이 가져다 쓰는 나라이다. 우리는 그들이 배우고 싶어할 21세기형 발전 모델을 만들어야 한다."

날카로운 통찰력, 빛나는 애국심을 엿볼 수 있는 대목이다.

청소년 시절에는 문학서적을 즐겨 읽었고, 어른이 되어서는 《명심보감》등 교양서적을 많이 읽었다. 정치를 하고 대권을 잡으려는 목적을 한마디로 표현한다면, 나라의 밝은 미래를 설계하고 새로운 희망을 만드는 일이다.

"나는 이 땅의 모든 어린이, 모든 젊은이가 학교를 졸업하면 원하는 직장을 가질 수 있고, 땀 흘린 만큼 보상받고 노력한 만큼 성공하는 나라, 법과 원칙을 지키는 사람들이 성공하고 상식이 통하는 그런 나라에서 살기를 소망한다. 그런 나라를 만드는 길에 나의 역할이 있기에, 여기까지 나의 삶이 이어져 왔으리라."

'박근혜 정부'는 경제성장을 통해서, 일자리 창출을 통해서 실업자를 구제하겠다는 것을 분명히 하고 있다. 그런 의지는 희망, 꿈, 풍요로운 나라 등의 수사에서 잘 묻어난다.

"법과 원칙을 지키는 사람들이 성공하는 나라"를 강조하고 있다. 홈피에서 "약속을 지켜야 신뢰를 얻는다는 것은 인간 사회의 기본"이라는 강조했다.

자서전을 통해 이미지 정치, 감성의 정치, 소신의 정치를 강조하고 있다. 문장의 구절마다 부모를 총탄으로 여의고 극심한 정신적 고통을 감내해야만 했던 외로운 삶을 그려냈고, 국민들에게 감성에 호소하는 여성스런 필체의 섬세함이 대단하다.

정치평론가들은 박근혜 대통령을 이렇게 평가한다.

"만만치 않는 여성 대통령이다. 누리고 있는 인기의 비결을 부모 덕으로만 설명할 수는 없다. 부모의 큰 덕도 역량이 있어야 이용한다. 100단어의 수첩공주라고 말하는 사람들도 있지만, 이런 주장에는 비판적 이미지만 있을 뿐 판단 능력이 부족한 표현이다."

100단어의 수첩공주라는 말은 어떤 질문에 대하여 대답하기 곤란할 때에 분명한 답변을 못하고 똑같은 짧은 답변만 되풀이한다며 불평하는 사람들의 억지 주장이라는 지적이다. 입만 열면 거짓말하는 정치인보다는 박근혜가 훨씬 우월하다고 평가하고 있다.

국회의원 시절, 미국 방문 중에 "북한이 주적인가?"라는 질문을 받고, 이렇게 답변했다.

"북한은 통일의 대상이자 한국의 안보 위협이라는 이중성이 있다. 하지만 군사적으로는 한국의 주적이 분명하다."

매우 정제되고, 신중한 발언이다. '통일의 대상'이라는 말을 통해 '반통일' 세력의 공격을 미리 예방하면서, '군사적'이라는 수식어로써 북한은 주적이라는 말의 강도를 완화시켜 젊은 층이 느낄 감정도 달래주고, 한국의 안보 위협이라는 좀 더 구체적인 표현까지 곁들였다.

북한이 여전히 주적이라고 믿는 보수 세력들의 관점을 벗어나지 않으면서도, 한나라당이 반통일 세력이라고 여기는 젊은 층에게도 반감을 사지 않는 절묘한 답변이라는 말이다.

Point 대한민국은 안보 위협에 대하여 매우 예민하다. 휴전선을 사이에 두고 남과 북이 맞서 있기 때문이다.

조국 광복과 동시에 자유민주주의 국가인 한국과 공산주의인 북한이 남북으로 갈라졌고, 1950년 6·25전쟁으로 수많은 사람들이 목숨을 잃었고, 한반도가 엄청나게 파괴되면서 뼈아픈 비극을 겪었다.

북한이 핵 개발이다 뭐다 하는 것들을 계속하는 이유도 평화적인 목적보다는 군사적이라는 견해가 더 많다고 여기는 것이 국제사회의 시각이다.

그래서 북한은 평화적 조국 통일의 대상이지만 군사적으로는 한국의 안보와 민족의 생존권을 위협하는 주적이라고 보는 것이다.

04 어머니 마음으로 통치

박근혜 대통령은 국회의원 시절, 미국 방문 중에 럼스펠드 국방 장관을 비롯한 미국 측 요인들에게 북핵 문제에 대해 반복해서 이렇게 강조하였다.

"6자 회담 참여한 나라 중 북한을 제외한 5개국이 입장 조율을 먼저 하고 북한이 핵을 포기할 경우 경제 지원을 비롯한 미국과 북한과의 수교 등과 같은 대담한 제안들을 공동으로 북한에 제시하되, 그래도 핵을 포기하지 않을 경우 어떤 결과를 맞을 것이라는 것에도 한 목소리를 내야 한다."

이 발언에 대해 누구도 반대하지 않았고, 누구도 불쾌하게 생각하지 않았다. 오히려 미국의 북한 핵 관련 당국자들은 아주 중요한 발언이라면 복사본을 만들어 미국 의회와 국무부, 국방부 관계부서, 연구소에 전달하기까지 했다.

한국에서는 초당적 외교라며 고마움을 표시했고, 브레이크뉴스는 "미국에 굴종하지 않는 박근혜"라는 평가까지 내렸다.

외교는 정치인의 자질이 가장 잘 드러나는 분야다. 고도의 균형 감각과 판단 능력이 뒷받침되어야만 한다. 핵 문제는 여러 나라의 이해관계가 복잡하게 얽힌 지뢰밭이라고 한다.

북한 주적 문제와 북핵 관련 6자 회담 등의 발언을 놓고 볼 때 '100단어 공주' 또는 '수첩공주'를 넘어서서 통치 리더십의 자질을 분명히 보여준 대목이라는 평가다. 더구나 고도의 품위까지 깃들여져 있다는 것이다.

그렇다면 정치평론가들은 여성 대통령의 장점이 무엇이라고 보는가.

"투철한 애국심과 충성심, 품위와 신중함, 균형감각과 화합의 리더십이다. 이는 다른 정치인에서는 찾아보기 어렵고, 옛날의 독립운동가 중에서나 찾아볼 수 있는 수준이다. 더구나 시대가 요구하는 리더십을 갖고 있는 정치가이다."

특히 "애국심뿐만 아니라 책임감, 일관성, 진솔함, 헌신성, 높은 도덕성, 신뢰성, 언행일치라는 가치를 지닌 정치인"이라고 평가했다. 이런 평가를 받을 수 있는 정치인이 과연 우리나라에 몇 명이나 있을까?

또 다른 장점으로는 패거리 정치라는 한국 정치의 고질적 악습에서 자유롭다는 점이다. 학교 선후배를 따지는 학연, 출신 지역을 구별하는 지연으로 복잡하게 얽혀진 우리 정치판에서 자유로울 수 있는 정치인은 드물다. 그런 연결고리의 패거리를 만들지 않았다. 영남에서 높은 지지를 받는다고 해서 그의 주변 참모나 측근에 영남 사람들만 모여 있지 않다는 점이다.

그래서 분열의 리더십이 아니라, 통합과 화합을 이룰 수 있는 리더라는 평가를 받고 있다.

박근혜 대통령은 과연 역사적 운명인가? 짧지 않은 인생을 살아왔지만 때로는 변혁의 역사에 휘말렸고, 엄청난 풍파에도 부딪혔다. 사람은 누구나 근본적으로 약한 존재이다. 그러나 박근혜 대통령은 고독을 뛰어넘은 독특한 정치인, 남자들이 걸어온 정치인의 길과는 다른 길을 걸어왔고 또 앞을 향해 힘차게 걷고 있다.

청와대에서 보낸 어린 시절, 대통령의 딸로서 화려했던 꿈의 날개가 꺾이고 초라한 야인이 되었다가 다시 권력의 핵심 심장이 되어 대한민국의 새 시대를 열어가고 있다. 톱니바퀴처럼 맞물린 잡다한 정치적 관계를 떠나 현실을 바로 보고 미래를 향해 큰 걸음을 걸어간다.

제18대 대통령은 5년이면 끝나지만 "국민 모두가 행복한 나라로 만들겠다."라는 여성 대통령의 통치 리더십이 어머니의 모정母情처럼 영원하고, 그 진실의 빛이 꺼지지 않고 찬란하게 빛나기를 국민은 희망하면서 기도하고 있다.

Point

박근혜 대통령은 대한민국 건국 이래 최초의 여성 대통령이자, 미혼 독신 대통령이며 부녀父女 대통령이라는 기록을 세웠다.

정부의 명칭도 과거의 '문민정부'나 '참여정부'와 달리 '박근혜 정부'로 정하고, 영문 직함도 레이디 프레지던트Lady President로 결정했다. 이 말은 숙녀淑女 대통령이라는 의미이다.

단군 이래 우리나라 반만년 역사를 통틀어 보면, 여성 통치자는 신라시대 때 제27대 선덕여왕, 제28대 진덕여왕, 제51대 진성여왕 등 세 명의 여왕이 있었을 뿐이다.

05 말, 말, 말‥어록語錄

• 퍼스트레이디 시절

소탈한 생활, 한 인간으로서의 나의 꿈, 이 모든 것을 집어 던지기로 했다. 이왕 공인公人으로 나서지 않으면 안 될 운명이라면 적극적으로 나서자.

• 고난을 벗 삼아 진실을 등대 삼아

젊은 시절의 평범한 삶에 대한 꿈을 접지 말자. 그것이 어떤 것이 되었던 하늘이 주신 소명이라 생각하고 이겨내기 위해 전력을 다할 것이다.

• 아버지를 돕는 것이 나의 사명

어머니(육영수 여사)의 빈자리를 대신하기 위해 나 자신 혼신의 힘을 쏟겠다. 이것이 퍼스트레이디로서의 나의 역할이자 사명이다.

• 청와대 내의 야당이자 신문고

청와대 내의 야당이자 신문고 노릇을 감당하느라고 정신없이 바쁜 하루하루다. 정말 어머니는 어떻게 10년 세월을 이렇게 지내셨을까.

• 약속의 정치를 위하여

122곳의 '서민 살리기' 민생 투어와 '약속의 정치'를 몸소 보여줄 수 있었던 것은 청와대 시절의 경험과 철학에서 나온 것이다.

• 바른 생활 소녀에서 수첩공주까지

서류에 남기고 보고만을 위한 준비를 절대 하지 마라. 정말 국민이 안녕한지, 아무 피해 없이 무탈할 수 있는지를 살피고 만반의 준비를 해야 한다.

• 나는 완벽주의자가 아니다

무슨 일이든 항상 철저히 준비하고 있다. 완벽주의자가 아니라 모든 일을 빈틈없게 준비하는 습성이 나의 트레이드마크가 되었다.

• 국가가 있어야 나도 있다

국론이 분열되면 경제가 어려움에 빠진다. 국가가 있어야 국민이 있고 나도 있다. 민심을 하나로, 나라 사랑의 힘을 하나로 모아 국가적 위기를 다 함께 극복하자.

• 충효예忠孝禮란 인간을 인간답게

충이란 모든 일을 열과 성을 다해서 완성하는 것, 효란 인간이 인간답게 살아가고자 할 때 가장 먼저 실천해야 할 도리이며, 예는 충효정신을 아름답게 표현하는 것이다.

• 정신 함양을 정착시켜야 한다

사회의 관심으로부터 소외된 어려운 이웃과 노인들을 찾아 그들의 애환을 듣고, 가장 절실한 것이 무엇인지를 알고 처우 개선을 해줘야 한다.

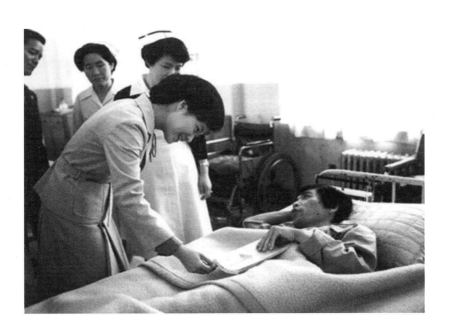

• 붕대 투혼 기적을 낳고

박빙의 승부 끝에 막판 대역전으로 국회의원 한나라당 후보의 당선이 확정되는 순간, 모두가 기적이라고 말했다. 하지만 우리는 결코 기적이 아님을 알고 있다.

• 흔들림 없는 외유내강

오직 나라와 국민만을 위하는 진정한 힘으로 위기를 딛고 다시 일어섰다. 그건 대한민국과 국민이 있기 때문이다.

• 평범한 인생 포기

대한민국은 나의 가정이고, 국민은 나의 가족이다. 병원 앞을 하루 온종일 지키며, 내 일처럼 마음 아파하고 걱정하는 사람들, 진심으로 반갑게 맞아 환호해 주는 사람들이 있기에.

• 서로의 아픔을 치유해야 할 때다

저의 피와 상처로 우리나라의 모든 갈등과 상처가 봉합되고, 하나 된 대한민국으로 나아가는 계기가 되기를 간절히 바란다.

• 앞으로 남은 인생은 덤이라고 생각한다

피습을 당하고 무사히 병원을 걸어나가는 것은 할 일이 남아 있기 때문이라고 생각한다. 국가와 국민을 위해서, 부강하고 안전한 나라를 만들기 위해서 모든 것을 바치겠다.

• 대한민국의 인식을 새롭게 바꾸자

북한의 핵 보유 선언으로 한반도에 핵 장막이 드리웠다. 탁월한 국제적 혜안과 외교력으로 북핵 사태 관련 주변국과의 이견을 조율하는 중심에 박근혜가 있다.

• 워싱턴을 감동시킨 '밥상론'

2005년 미국 방문 때, 북핵 문제를 다루면서 "서양에선 음식을 먹을 때 수프, 메인 요리, 후식이 단계적으로 나오지만, 한국은 밥상에 밥, 국, 반찬 등을 한 번에 올려놓고 먹는다."

• 이국 땅 우리 아이들에게 배움의 희망을 주자

2005년 5월 중국 방문 때, 동포들이 교실이 없어 어려움을 겪는 청도 지역 남쪽에 세종한국학교의 설립 승인을 요구해 산동성 교육청으로부터 긍정적 답변을 받아냈다.

• 천 년이 가도 일본은 가해자, 한국은 피해자

2006년 3월 일본 방문 때, 천 년이 가도 일본은 가해자, 한국은 피해자라는 사실은 변하지 않는다. 그 토대 위에서 상호신뢰를 쌓아야 한다. 정치 지도자들의 의지와 언행이 중요하다.

• 시베리아 철도로 독일과 한국을 잇자

2006년 9월 유럽 방문 때, 독일 메르켈 총리와의 단독 면담을 통해 독일과 한국을 잇는 유라시아 철도 구상에 대한 적극적인 지지를 약속받았다.

• 한국은 근대화 정신을 중국에 수출했다

2006년 11월 중국 방문 때, 한국의 경제 발전을 낳은 새마을 운동 등 대한민국의 근대화 정신을 당당히 중국에 수출했다.

• '잘 살아 보세'의 신화를 다시 이루겠다

대통령 선거 전날, 여의도 당사에서 기자회견을 열고 다시 한 번 '잘 살아 보세'의 신화를 반드시 이루겠다.

• 가족을 위하는 어머니의 마음으로 일하겠다

가족을 위해 모든 것을 바쳐 헌신하는 어머니의 마음으로 국민 여러분 한 분 한 분의 삶을 돌보는 민생 대통령이 되겠다.

궁금해요!

박근혜 대통령의 취미와 특징은 무엇일까요?

- 출생 : 1952년 2월 2일음력 1월 7일

- 부모 : 박정희 – 육영수

- 본관 : 고령 박朴씨

- 학교 : 서울장충초등–성심여중–성심여고–서강대 전자공학과 및

  프랑스 유학

- 취미 : 산책

- 운동 : 단전, 탁구, 테니스

- 좌우명 : 지혜롭고 현명하게 살자.

- 존경하는 인물 : 부모님, 엘리자베스 1세 영국 여왕

- 혈액형 : B형

- 키 : 162cm

- 종교 : 특별히 믿는 것 없음. 불교의 법명과 천주교 세례명이 있음

- 좋아하는 음식 : 향토음식과 나물. 특히 두릅나물

- 싫어하는 음식 : 기름진 음식

- 첫 사랑 : 비밀

- 결혼 : 이미 나라와 결혼했다고 생각한다.

- 남녀의 차이점 : 관심사나 생각 자체가 다른 점

- 라이벌 : 나 자신

- 사랑 : 서로에 대한 배려

- 좋아하는 영어 단어 : 용기勇氣라는 Courage

- 인간관계에서 가장 중요한 것 : 신뢰와 약속

- 사랑과 우정의 차이 : 교감하는 눈빛이 다를 것 같다.

- 화났을 때 : 말 안 한다.

- 18번 노래 : 천생연분(솔리드), 빙고(거북이)

- 저서 :《나의 어머니 육영수》

  《결국 한 줌, 결국 한 점》

  《고난을 벗삼아 진실을 등대삼아》

  《절망은 나를 단련시키고, 희망은 나를 움직인다》 등

 독후감

대한민국 최초의 여성 대통령

창조경제, 박근혜 리더십

초판 1쇄 인쇄	2013년 5월 9일
초판 1쇄 발행	2013년 5월 14일
지은이	유한준
펴낸곳	BOOK STAR
펴낸이	박정태
출판등록	2006. 9. 8. 제313-2006-000198호
주소	경기도 파주시 문발동 파주출판문화도시 500-8
	광문각 B/D 4F
전화(代)	031)955-8787
팩스	031)955-3730
E-mail	Kwangmk7@hanmail.net

© 2013, 유한준
ISBN 978-89-97383-11-5   44040
       978-89-966204-7-1   (세트)

정가   12,000원